高校思政"金课"建设的逻辑理论与实施路径研究

仇 瑛◎著

吉林大学出版社

·长春·

图书在版编目（CIP）数据

高校思政"金课"建设的逻辑理论与实施路径研究 / 仇瑛著 . -- 长春：吉林大学出版社，2022.6
　　ISBN 978-7-5768-0816-2

Ⅰ . ①高… Ⅱ . ①仇… Ⅲ . ①高等学校—思想政治教育—研究—中国 Ⅳ . ① G641

中国版本图书馆 CIP 数据核字 (2022) 第 192057 号

书　　　名	高校思政"金课"建设的逻辑理论与实施路径研究 GAOXIAO SIZHENG "JINKE" JIANSHE DE LUOJI LILUN YU SHISHI LUJING YANJIU
作　　者	仇　瑛　著
策划编辑	殷丽爽
责任编辑	张宏亮
责任校对	矫　正
装帧设计	李文文
出版发行	吉林大学出版社
社　　址	长春市人民大街 4059 号
邮政编码	130021
发行电话	0431-89580028/29/21
网　　址	http://www.jlup.com.cn
电子邮箱	jldxcbs@sina.com
印　　刷	天津和萱印刷有限公司
开　　本	787mm×1092mm　1/16
印　　张	11.25
字　　数	200 千字
版　　次	2023 年 1 月　第 1 版
印　　次	2023 年 1 月　第 1 次
书　　号	ISBN 978-7-5768-0816-2
定　　价	72.00 元

版权所有　　翻印必究

作者简介

仇瑛 女，1982年2月出生，江苏大丰人，副教授。毕业于华南师范大学，硕士研究生学历。现任海南政法职业学院马克思主义学院副教授，教授《思想道德与法治》、《毛泽东思想与中国特色社会主义理论体系概论》、《形势与政策》等思政课程近10年。研究方向：思想政治教学、批判性思维。发表论文十余篇，主持省部级课题三项，其中两项已结题。曾于2019年全省思想政治理论课青年教师基本功大赛上获得二等奖；2021年全院教学能力大赛中获得一等奖；2021年海南省职业院校技能大赛教学能力比赛中荣获公共课程组第二名；2021年司法部教师教学技能大赛荣获思政组第一。

前　言

百年大计，教育为本。高校思政课作为夯实大学生思想基底、端正大学生品德操守的核心课程，更是诸多教育课程的重中之重。

2012年11月，党的十八大顺利召开。自此之后，一系列思政教育领域的重要会议纷至沓来。全国高校思想政治工作会议、全国教育大会、学校思想政治理论课教师座谈会……这一系列的会议都赋予了高校思政课程更高的责任和要求。宏观至思政"金课"的建设，细微至思政教师的培养，思政教育领域的诸多工作在一次次的会议中被安排部署，建设思政"金课"成为我国高等教育改革的重要内容。

在此背景下，高校领导、全体思政课教师及辅导员队伍没有理由懈怠，要切实担负起肩上育人的重大责任，推进课程改革创新。思政课教学要完成立德树人的根本任务，必须与时俱进，构建网络化、数字化、个性化、终身化的教学体系，打造"人人皆学、处处能学、时时可学"的学习型校园是可以预见的未来图景。结合科技发展的最新成果和青年学生的时代特点，坚持"内容为王，技术融合"，实现信息技术与传统课堂的高度融合，在思政"金课"教学中开展实践教学，打造具有政治性、高阶性和创新性的思政"金课"是推动新时代思政课改革创新的有效路径，建设和完善科学合理的高校思政评价体系也是促进高校思政"金课"开展的重要环节。

本书共六章，第一章为高校思政"金课"的发展概述，主要包括高校思想政治课的价值、高校思想政治课的现状，以及高校思想政治课的挑战三方面的内容。第二章是对高校思政"金课"的理论进行了分析，主要分析了思政"金课"的内涵与打造"金课"的理论指导。第三章针对打造思政"金课"的路径进行了研究，主要内容是"金课"教学方法的运用、在思政"金课"中挖掘多种资源及思政"金课"中育人体系的建设。第四章介绍了高校思政"金课"中主体发展的状况，包括思政"金课"教师的发展、高校辅导员队伍的建设情况和高校大学生的参与等。第五章阐述了思政"金课"创新发展的相关内容，分析了信息技术对于思政"金课"的驱动作用、实践教学在高校思政"金课中"的开展，以及高校思想政治课的评价体系建设与完善。

  笔者在撰写本书的过程中，得到了许多专家学者的帮助和指导，参考了大量的学术文献，在此表示真诚的感谢。笔者水平有限，书中难免会有疏漏之处，希望广大同行及时指正。

作者
2022 年 1 月

目录

第一章 高校思政"金课"的发展概述 ·· 1
    第一节 高校思想政治课的价值 ·· 1
    第二节 高校思想政治课的现状 ·· 3
    第三节 高校思想政治课的挑战 ·· 7

第二章 高校思政"金课"的理论分析 ·· 13
    第一节 高校思政"金课"的内涵分析 ·· 13
    第二节 打造思政"金课"的理论指导 ·· 18

第三章 打造高校思政"金课"的途径 ·· 34
    第一节 高校思政"金课"教学方法的运用 ·································· 34
    第二节 高校思政"金课"中挖掘多种资源 ·································· 41
    第三节 高校思政"金课"育人体系的建设 ·································· 51

第四章 高校思政"金课"中的主体发展 ·· 78
    第一节 高校思政"金课"教师的发展 ·· 78
    第二节 高校辅导员队伍的建设 ·· 92
    第三节 高校大学生的良好参与 ·· 98

第五章　高校思政"金课"的创新发展 ················ 116
第一节　信息技术对于思政"金课"的驱动作用 ············ 116
第二节　实践教学在高校思政"金课"中的开展 ············ 123
第三节　高校思想政治课的评价体系建设与完善 ············ 151

参考文献 ································ 171

第一章 高校思政"金课"的发展概述

思想政治理论课"金课"是对高质量、高水平、高规格、高层次思想政治教育课程的总体概括,本章对高校思政课程的价值、现状,以及时代背景下遇到的挑战进行了概述。

第一节 高校思想政治课的价值

"思政"即为"思想政治"的缩写,在高校的课程安排中,又包含了"教育"的元素。高校通过相关的课程,引导与培养学生的"三观"。因此,"思政"一词,也常常被放在教育学的视角下进行解读,使之具有"思想政治教育"的引申含义。

高校进行思政教育的方式有两种。第一种是"显性思政",即最直接且传统的思想政治理论课程。第二种是"隐性思政",它并不是一门具体的课程,而是一种课程观。具体来说,就是将思政教育融入其他课程,例如大学的专业课,通过专业课对学生产生潜移默化的影响,达到"润物细无声"的教学效果。由于其融入其他课程之中,因此这种教学方式又被称作"课程思政"。

经济全球化的发展,越来越多的高校大学生受到了多元化思想浪潮的冲击,一部分高校大学生带有突出的个人思想问题,表现在目标紊乱、理想模糊、价值观扭曲等方面。

高校在思政教育方面有着义不容辞的责任。因为高校不仅是诸多社会体系中的一环,更是促进社会和谐稳定的直接推手。高校思政教育的普及和发展,不仅是学生全面发展的要求,也是校园和谐氛围的要求,更是社会长治久安的要求。

不可否认的是,高校的思政教育已经取得了一定的成绩,但长远来看,还有很多方面需要完善,也有许多方面可以进一步发展。这就需要我们归纳前人的先进理论方法,不断开拓新的领域,完善新的教育内涵。

高校的思政教育，首先要将爱党、爱国和爱社会主义的信念根植在学生内心深处。因此，中国共产党的历史是思政教育的首要内容。在思政课上，学生需要深刻理解中国共产党领导全国各族人民为实现民族独立和人民解放、为实现人民共同富裕和国家繁荣富强进行英勇奋斗的光辉事迹和崇高精神。

爱党、爱国、爱家、爱民族、助人为乐和责任感教育等，是高校思政教育的主要内容。故高校思想政治课教育不仅能提升大学生对思想政治课的兴趣，而且能够增强其爱国主义精神。之所以说思政工作在高校稳定中起到了不可替代的作用，是因为它与国家的经济发展和社会稳定在一定程度上是息息相关的。

"青年兴则国家兴，青年强则国家强。青年一代有理想、有本领、有担当，国家就有前途，民族就有希望。中国梦是历史的、现实的，也是未来的；是我们这一代的，更是青年一代的。中华民族伟大复兴的中国梦终将在一代代青年的接力奋斗中变为现实。全党要关心和爱护青年，为他们实现出彩人生搭建舞台。广大青年要坚定理想信念，志存高远，脚踏实地，勇做时代的弄潮儿，在实现中国梦的生动实践中放飞青春梦想，在为人民利益的不懈奋斗中书写人生华章！"[①]

可以说，学生通过思政教育，不仅可以塑造优秀的思想基础，还能够在日后的工作生活中获得思想引领。一方面，马克思主义是高校思政课的理论基石，学生通过学习，可以对马克思主义基本原理进行理解、掌握，甚至是在生活中实践、贯彻，从而推动社会主义事业向前发展。另一方面，思想道德修养是高校思政课的重要内容，学生通过学习，可以塑造道德品质、继承传统美德、发扬社会公德、形成职业道德，在日后的社会生活中，也能够为他人和社会做出贡献。总而言之，高校思政课不仅为高校学生树立马克思主义思想提供了良好的思想基础，也为高校学生今后的学习和工作奠定了理论基础。

总的来说，高校思政课不仅是培养学生的环节，亦是建设高校的环节。而高校思政课之所以有着如此重要的作用，是因为，社会与国家优秀接班人的评判标准，不仅在于其知识水平的高低，更在于其端正的人生观与价值观。

思政课并不是一成不变的，而是需要根据时代发展不断地进行改革创新。这种先进性，也不仅仅体现在思想政治理论课程上，更体现在高校整体的思想与氛围上。高校承担着培养社会主义接班人的时代使命，正因如此，思政教育在高校中的地位才显得如此突出。

高校大学生是未来社会的接班人，并且会成为社会发展的中流砥柱。从个人

---

① 习近平在中国共产党第十九次全国代表大会上的报告[EB/OL].（2017-10-28）.http"//cpc.people.com.cn/nl/2017/028/c64094-29613660.html.

的角度来看，高校学生正处于最富朝气的年纪，他们怀揣梦想，有着极强的可塑性；从社会的角度看，高校学生承载着国家富强、民族振兴、人民幸福的历史任务，是国家的未来。高校学生的思想动态和行为表现将直接影响着社会的发展与进步及国家的稳定与富强，而高校的思政教育恰恰可以培养大学生的爱国情怀、塑造大学生的高尚品格，为大学生塑造坚实的思想基础。因此，高校学生在校期间必须要提高思想理论水平，坚定爱党、爱国、爱社会主义的意识，这也是保证社会长治久安的一个有效途径。

只有不断地加强高校思想政治理论课教育的力度，让高校思想政治理论课成为引领高校教育的风向标，才能使高校教育真正服务于社会主义事业，才能使高校学生的政治立场更加坚定，才能激励学生成为未来社会的可靠接班人和建设者，才能体现出高校工作的真正价值和意义所在。

高校思政教育的另一个必要性在于高校学生比较年轻，缺乏社会经验，对事物往往缺乏全面的判断，同时，他们在情绪上也更加容易冲动，因此，极其容易受到居心叵测之人的蛊惑。

综上所述，高校必须将思想政治教育作为大学生教育的首要工作，让学生坚定地拥护党的领导和社会主义制度，树立积极的世界观、人生观、价值观、文化观和唯物主义信念。

第二节 高校思想政治课的现状

一、高校思想政治课理论教学现状分析

（一）师资力量薄弱

高校思政课的师资力量薄弱，主要体现在三个方面。

1.专职教师的数量不足

要保障思政课的教学效果，需要大量的专职思政教师。对此，教育部也提出了"1∶350"的师生比。但是大部分高校的专职教师数量较少，学生却很多，导致思政课的教学体量十分庞大，因此师生的比例远远达不到教育部的要求。

面对这一问题，高校往往会有两种解决方法。其一是大班教学，其二是依赖辅导员兼任思政课教师。但无论如何，都难以从根源上解决思政课教学质量不佳

的问题。

2. 重职称轻教学的问题

当前，许多高校对于科研更加看重，而对教学投入的精力则有限。究其原因，是因为科研更容易获得纸面上的成果，能够更加直接地提升高校的排名。

但是，许多课程都对教学有着极强的侧重，思政课就是其中之一。思政教师面对繁杂的教学任务，若是重视科研，则无法保证教学成果；若专心教学，则鲜少有精力再搞科研，故而难以晋升，部分教师眼看晋升无望，选择转岗，使思政教育资源更加贫乏。可以说，职称和教学之间的矛盾，在思政教育领域显现得尤为强烈。

3. 教师的教育理念陈旧

从教学内容上讲，思想政治教育是一门不断发展的课程，需要教师不断地学习，推动课程不断地更新发展、与时俱进。

从教学方式上讲，思政教育有其独特的严肃性，简单地说教难以激发学生学习的兴趣。而教师若不能随着学生思想的发展而更新教学方法，则必然会降低教学质量。

（二）教学内容脱离实际

高校思想政治理论课普遍存在理论与实践严重脱节的问题，究其原因，有以下两个方面。

一是部分教师自身对于思政课程育人目标的认识不全面，教学时只注意理论知识的灌输，忽视了对理论知识实践性内容的发掘和解读，致使学生无法真正地理解理论的深刻含义。思政理论课的理论一般较为抽象，如果不辅以生活化的案例予以分析，学生很难彻底理解消化，理论学习不到位直接导致学生无法掌握理论与实践相结合的真谛，忽视了理论的实践性，在实际生活中遇到问题不能运用思政课的理论知识予以思考和解决。

二是虽然很多高校为了增强思想政治理论课的实践性，专门设置了实践教学环节并规定了相应的学时，但由于认识方面的偏差，简单地将思政课的实践教学与大学生的社会实践活动划为一类活动，甚至直接用大学生社会实践活动替代了实践教学，没有将思政课的理论内容有效地融入实践教学中，导致绝大部分实践教学仅仅流于表面形式，缺乏实效性，而学生更是将实践环节作为一项硬性任务来完成，并没有认真践行，最终造成实践环节与理论教学脱离甚至出现两者对立的尴尬局面。

（三）教学模式陈旧

对于任何课程而言，教学都是一个双向的过程，想要学生"爱学"，就需要教师"会教"。

从当前的高校思政理论课程教学情况来看，大部分学生是做不到"爱学"的。学生对于某一门课程的兴趣，受教学内容和教学方法的影响很大。在内容方面，思政课谈不上活泼有趣，就难以调动起学生的激情。因此，思政课的教学方法就显得更为重要。

目前，大多数思政课仍然以传统的"灌输式""填鸭式"教学方法为主。一方面，这是因为教师的教学模式未能及时更新；另一方面，大班授课也对授课方式产生了一定的限制。因此，大多数思政课堂的气氛较为沉闷，这不仅不利于学生对课程的重视，还会消解教师的授课兴趣，从而进入恶性循环。

在课堂教学中，学生不仅对轻松幽默的语言有所期待，也对主动表达自己有所欲望。倘若教学的语言和内容枯燥单调，学生在课堂上也缺乏互动，只能被动接受，那么即使学生"硬着头皮"学习，也无法实现对知识的深刻理解。

具体而言，教学模式的不足可以细分为以下几个方面。

第一，教学语言单调，缺乏艺术性和感染力。

第二，课程问题的设计不够精准，难易程度把握不当。

第三，教学时间有限，缺乏课堂互动。

（四）考核方式单一

目前，高校对于思想政治课程的考核方式过于单一，局限于理论笔试这一种方式，尽管其中也会涉及一些案例分析的题目，但在实践考核的全面性和影响力方面都偏低，甚至在考核中出现一些过于陈旧的案例，这与学生的现代化生活之间相距甚远，学生完全是通过死记硬背的方式来应付思政课的考核，根本没有联系实际理解记忆。

虽然部分思政课教师会利用平时成绩考核学生的课程完成度，但无法客观反映课程的有效性。部分高校倡导考核方式的多元化，倡导在考查理论的同时，增加实践活动的考核要素，但在实施多元化考核的过程当中，不可避免地会受到高校教育资源供给的限制，如一些实践服务活动、参观性学习等会涉及费用、安全等多方面的问题。不少院校基于多方面的考量逐渐弱化了实践类的思政考核，以至于目前绝大部分高校的思政课考核仍然采用传统的考试模式。

二、高校思想政治课实践教学的现状分析

（一）教师对高校开展思想政治课实践教学方式的满意度不高

目前，高校开展思想政治课实践教学的方式主要有课堂实践或校内主题实践、社会实践、参观学习、社会服务等。这些实践教学方式表面上丰富多样，但实际上却存在形式主义，学生收获较少、体会不深。此外，许多实践活动在人员规模、时间安排、课程引导、考评机制等方面都不够完善，这种"想当然"的实践活动对教学并不能起到很好的促进作用。还有部分高校没有稳定的实践教学活动场所，导致思想政治实践教学方法较传统和单一，思想政治实践教学难有创新。

（二）高校思想政治课开展实践教学的资源不足

《新时代高校思想政治理论课教学工作基本要求》指出，当前高校必须开展思想政治理论课实践教学。但受到经费、场地、设备、时间、教师资源等实践教学资源的条件制约，实践教学资源不足，实践教学主体多元、途径单一，加之实践教学物质资源分散化，诸多的原因致使校园文化与思想政治课实践教学缺乏有效整合。

（三）思想政治课实践教学内容缺乏系统性

一方面，目前部分高校学生管理部门独立地开展校园文化活动，例如社会活动、志愿者活动、团学活动、共青团组织的系列活动等，内容主要体现科学精神和人文精神，道德修养与文明礼仪等，这些内容看似与思想政治课相关，实则在拟订方案时未曾邀请思想政治教师指导或参与，使得活动内容未能与思想政治教学相联系，与思想政治课实践教学也往往脱节。

另一方面，思想政治教师与辅导员、学生团学会联系不紧密，思想政治课实践教学较多是单独开展，偶尔借助校园文化平台开展实践教学，校园文化与思想政治实践教学并未进行有效的整合。

（四）思想政治课实践教学机制不健全

当前高校思想政治工作人员对校园文化与思想政治课实践教学整合的自觉意识不强，校园文化管理和思想政治教育教学各自分区、各行其道，缺少对校园文化与思想政治课实践教学整合的探索和研究，工作机制有待完善。

与课堂上的理论教学相比较，思想政治课实践教学难度较大，实践教学资源有限、组织管理困难、社会实践环境复杂、实践成本较高等都会影响思想政治实

践教学效果。同时，思想政治部门与学校其他管理部门缺乏有效沟通，实践教学活动内容并未涉及校园文化或者依托校园文化所开展，缺少相互联系的作用方式，缺乏一套系统科学且简单高效的整合校园文化与思想政治课实践教学的长效机制。

三、高校思想政治课德育现状分析

第一，教学内容更新缓慢，过于抽象。思想政治课侧重对学生进行意识形态教育，与学生日常生活距离较远，理论内容十分抽象，难以理解。

第二，思想政治教师队伍水平参差不齐，很多教师并非思想政治教育专业出身，对思想政治教育内容理解不够深入，教学水平不高。为了培养学生高尚的道德品质、坚定的政治信仰，教师必须以身作则，但当前一些教师政治立场不坚定、道德素质低下，影响了思想政治课德育效果。

第三，学生对高校思想政治课程的价值认同不高。高校开设思想政治课的目的是培养学生政治立场、道德素质，这一目的的实现必须建立在学生认同思想政治课的基础上。教学内容枯燥，学生对思想政治课兴致不高，面对灌输式教学，学生容易产生逆反心理。

第四，教学评价方法不科学。现行高校思想政治课教学评价更加重视成绩，对思想政治课德育开展的过程、方法、效果等缺乏有效的评价手段。

第三节　高校思想政治课的挑战

一、高校思政建设的时代背景

（一）复杂的外部环境变化

交通技术与通信技术的发展，不断推动着全球化的进程，国家之间的交流愈发频繁。在文化领域，各国之间也相互交流、相互碰撞，在世界上形成了百花齐放的格局。这种格局有其顺应时代发展的必然性，但我们也要意识到在文化的交流学习中，要始终秉持自身的文化特色与文化属性。

随着全球化进程的不断推进，加之互联网的高度普及，在校大学生接收的信息更加复杂，对高校思想政治教育也提出了更高要求。高校是一个非常复杂的信息集散场所,不同的思想和文化交汇,在意识形态方面呈现出多元化的趋势,如果思想政治教育不到位,那么社会主义的发展道路会受到动摇。从学生层面来说,当前文化的交流、交融、交锋,给我们带来多元化的价值观念,同时也给我们带来一定的挑战。

在文化交锋中,一些西方国家利用文化渗透的方式对我国青年学生输入大量的"普世价值",以及西方所谓的"自由""人权"等观念,并对我国的经济、政治生活做出肆意批判,那么如何在这种交锋中保持清醒认识,如何做出正确价值判断,于我们而言是至关重要的。面对西方意识形态渗透与斗争带来的冲击,以及各种"反马""非马"的思想,部分政治意志不足的思政课教师会被资本主义思想腐蚀,其思想也会有逐渐向"西化"方向偏离的危险,这也会给思政课堂的教学效果带来很大的消极影响。

另外,新时代高校的思政课教师迫切需要强化自身的各项技能,提高自己的专业水平,拓宽自身的视野与眼界,提升自我的政治站位,谨防一些人打着"学术交流"的旗号,戴着学术研究的面具来大肆宣扬西方不良思潮,以学术的形式借机宣扬自由主义、个人主义、利己主义等价值取向。

所以说,思政课教师是否能在复杂的外部环境中坚守住自己的理想信念很关键,能否真正做到"在马言马"的职业操守,这也是一个严峻的时代挑战。

(二)党中央对高校思政课日益重视

自党的十八大以来,党中央对思想政治教育的重视程度日益提高。不论是在一次次的工作会议上,还是在一次次的学校视察中,习近平总书记都讲到要始终把思想政治理论课放在重要位置,进一步提高了思政课的战略定位。同时,教育部也明确指出,思想政治理论教育是强化马克思主义在意识形态领域指导地位的重要途径,对于培养合格的社会主义现代化建设事业的接班人具有重要意义。

高校的思政教育需要始终将社会主义核心价值观作为核心思想,以此来对思政课程进行改革与发展,并以此为理念推动教学水平的提升。通过思想政治教育,大学生得以树立起正确的"三观",塑造出勇担时代重任的思想,并在日后的工作生活中为社会主义现代化建设和中华民族的伟大复兴积极贡献自己的力量。

在新时代、新形势、新环境下,高校思政课由于自身在思想领域的重要性,在确定意识形态方面发挥了重要作用。高校的思政教育不仅是巩固马克思主义思想的环节,还是传递马克思主义思想的环节,更是弘扬中国特色社会主义思想的环节。

高校思政课之所以受到党和国家的长期重视，是因为它是一门同时兼顾了意识形态和科学性的学科，它不仅提升了大学生的思想修养，更提升了大学生的政治素质，既帮助大学生树立了正确的政治观，又承担着立德树人的重要任务。

（三）高校思政课担负特殊的时代使命

教育在一定程度上决定了人类未来的发展方向，因此，大学生是否可以健康成长和国家、民族的发展都息息相关。和其他学科教育相比，思想政治教育具有一定特殊性，其教学任务的实质就是传递价值观，引领学生以先进的意识形态来武装自己，形成思想自觉、理论自觉、能力自觉及行为自觉，在社会主义现代化建设中发挥自身的力量，引导学生向上向善。思政课教师教学任务的完成过程本质上也是帮助在校大学生形成正确价值观的过程，对于引导大学生形成正确的"三观"具有重要意义。

中共中央、国务院关于《全面深化新时代教师队伍建设改革的意见》指出，教师在社会主义现代化建设过程中发挥了思想、知识、真理的传播作用，在培养社会主义现代化建设者和接班人方面发挥了重要作用。

"师者，传道授业解惑也。"高校的思政教师不仅要承担文化传输的职责，更要担起传递共产主义信仰的责任。思政教师必须坚定自身的信仰，以中国特色社会主义理论为指导思想，传播先进的思想文化，为大学生打牢共产主义的思想根基。

在全国高校思想政治工作会议上，习近平总书记明确指出了新时代思政课教师的时代使命："在推进社会主义发展过程中，高校思想政治教育工作者必须首先明确培养什么人、怎样培养人以及为谁培养人等，只有充分明确上述核心和根本问题，才能确保新时代教育事业不发生偏差。"[1]

思政教育的渠道是多样的，其中思政课当之无愧地居于核心地位；思政课的教学内容是广博的，在这之中，习近平新时代中国特色社会主义思想毫无疑问地树起了思想的旗帜。

习近平总书记强调，青少年是祖国的未来，代表着整个民族的希望，也是成长的"拔节孕穗期"，针对青少年的精心栽培和引导是必不可少的。而高校作为青少年向青年过渡的关键场所，继续发挥好学校的教育引导作用是十分重要的。

青年的思想教育之所以关键而迫切，是因为在青年时期，我们有着对新鲜事物的好奇与兴趣，也有着极高的学习能力，具有很强的可塑性。思想政治教育通

---

[1] 2019年习近平总书记在全国高校思想政治工作会议上的讲话。

过对青年思想的影响，可以进一步为其行动提供导向。因此，高校不仅要开设思政课，更要讲好思政课，达到"立德树人"的教育目标。

二、高校思政"金课"传统课堂面临的挑战

高校思政"金课"的建设，有其必要性与可能性。其必要性主要体现在三个方面。

①它是大学生思政教育的主要渠道。

②它是马克思主义理论传播的高效方法。

③它是高效思政工作的基础手段。

高校"金课"建设的可能性，表现为以下五个方面。

①党与国家的支持，为其奠定了工作基础。

②中国特色社会主义的理论体系，为其提供了思想保证。

③中国特色社会主义的实践经验，为其提供了有力支撑。

④中国优秀的传统文化与先进文化，为其提供了深厚底蕴。

⑤各高校思政课的不断革新，为其提供了发展经验。

此外，在新形势下，高校思政"金课"教学整体水平得以不断提升，青年学生的"四个自信"显著增强。因此，高校对于思政"金课"的建设，要目标明确，更要充满信心。

与此同时，我们也应该清醒地认识到，对青年学生进行思想塑造和价值引领是一项长期而艰巨的工程，高校教育工作者应审视和改进教学方法，将理性的知识体系转化为鲜活的价值体系来引领学生，转化确定的教材为多样的教学方式来吸引学生，建设可敬可靠的教师队伍来感化学生。

这一过程并不是一帆风顺的，而是伴随着诸多困难，正是由于这些未能克服的困难，故而学生对思政课表现出消极的态度。例如，将思政课视为一种强加给自己的任务，上课毫无兴趣，课堂气氛沉闷，或是想办法翘课，或是在课堂上低着头做自己的事情。这些表现，都反映出思政课教学效果不佳的事实。

目前，思想政治教育受到了国家的高度重视，国家给予了思政课更多的支持，也提出了更高的要求。因此，高校需要将思政课打造为"金课"，激发学生的学习兴趣，让高校学生对思政课产生兴趣，并发自内心地喜爱，由此才能使思政课真正发挥出"立德树人"的作用。

（一）如何将理性的知识体系转化为鲜活的价值体系

习近平总书记指出:"思想政治工作从根本上说是做人的工作,必须围绕学生、关照学生、服务学生,不断提高学生思想水平、政治觉悟、道德品质、文化素养,让学生成为德才兼备、全面发展的人才。"[①]

价值观的形成会受到诸多因素影响,新时代大学生的成长环境出现新的特点。当下,各种观点和思潮充斥网络,思想文化环境复杂多变,相对于传统的课本,新奇的网络世界对年轻人的吸引力更强。面对新的变化,思政课教学不仅要重视学生对思想政治理论基础知识的学习和掌握,更要在价值引领上满足学生成长成才的期待。

学生内在的价值体系绝不是仅仅依靠单纯的说教和灌输就能够真正构建起来的,而是需要整个教学体系因事而化、因时而进、因势而新,用坚定的理想信念感染学生,用中国特色社会主义理论、制度、道路、文化自信激发学生,用中国特色社会主义实践成果说服学生,用马克思主义基本理论和方法征服学生,从而实现理性的知识体系向鲜活的价值体系的有效转化。

（二）如何将统一的教材体系转化为多样化教学体系

从国家层面来看,思政教学需要有统一的思想作为指导,因此,在教学目标、教材使用等方面,国家对高校思政课都制定了统一的规范。从高校的层面来看,虽然思政课教学有统一的教材、统一的部署,但各地高校的实际情况、学生的具体状况又存在很大的差异性。为了合理解决两者之间的矛盾,思政教育需要将统一的教材体系向多样化的教学体系进行转化,做到因地制宜、因时制宜、因材施教。

具体而言,思政教师需要根据不同地区、不同高校,不同学生的特点和实际情况,来对教学的方式、语言、实例等进行调整,并且结合自身的优势,扬长避短,展现自身的教学特色。同时,还要灵活运用互动式教学法、新媒体教学法、情感教学法等不同的教学方法,对教学重点、思想难点、生活疑点、社会热点进行有理有据的答疑解惑,形成理论性、思想性、时代性和生活性充分融合的多样化教学体系。

（三）如何打造一支高水平的教师队伍

教师的教学能力建设是一项基础性、长期性、复杂性和综合性的工程,是教

---

① 习近平在全国高校思想政治工作会议上强调:把思想政治工作贯穿教育教学全过程开创我国高等教育事业发展新局面[N].人民日报,2016-12-09.

学质量提升的根本保障。目前,我国高校思政教师的水平参差不齐,这便不利于统一地进行教学部署,在一定程度上不利于思政教学的发展。

2019年3月,习近平总书记在学校思想政治理论课教师座谈会上提出了对思政课教师的六点要求:政治要强、情怀要深、思维要新、视野要广、自律要严、人格要正。[①]因此,思政课教师要在诸多领域提升自己。

首先,秉持家国情怀,厚植民族情怀。内化于心,方可外化于行,作为思政教师,要对国家和民族有所热爱和牵挂,将国家前途、民族命运放在心间。

其次,坚定政治立场,坚持社会主义。思政教师必须始终坚持马克思主义理论,同时,对于中国特色社会主义理论体系等新时代的马克思主义中国化理论成果,也要及时掌握并运用到课堂当中。

再次,把握国际热点,融汇古今知识。思政课的教学内容不能局限于照本宣科,而要将历史故事、当今热点、国际新闻等都在课堂上进行呈现。

最后,注重言传身教,做到知行合一。作为教师,应当以身作则,通过实际行动教育学生、感染学生,让思政课更具说服力。

---

① 2019年3月习近平总书记在学校思想政治理论课教师座谈会的讲话。

第二章　高校思政"金课"的理论分析

高校思政"金课"这一理念的提出，为高校的思政教育改革提供了新的思路，本章主要内容是高校思政"金课"的理论分析，具体而言，包括高校思政"金课"的内涵分析、打造思政"金课"的理论指导、打造高校思政"金课"的途径。

第一节　高校思政"金课"的内涵分析

一、高校思政"金课"的提出

"金课"，其概念是针对"水课"一词而言。陈宝生部长针对大学课堂提出存在"水课"问题。"水课"，顾名思义为含有水分的课程，就是停留在记忆、理解和简单运用层面上的陈述性低阶课堂，教师以"满堂灌"的方式，照本宣科地将教材内容传授给学生，结果是学生学习被动消极，教师教学态度松散、教学质量低。"金课"即为深入分析、评价与创造层面的程序性、策略性的高阶课堂，其构成要素为"探究性、批判性、对话性、开放性和知行合一"。具体而言，就是通过对课程的难度、深度等维度进行深化，以及对课程的考核条件做出提高和调整，从而达到提升教学质量的目的。

高校思政"金课"的落脚点，不仅在于提升学生的知识和能力，更在于提升学生的素质。为了促进学生的全面发展，"金课"需要对教学理念、目标、模式等进行全新的升级，从而推动整个高校人才培养体系的更新，以满足新时代社会发展对人才的需求。

高校思政"金课"相对其他课在功能、内容和目标上有其特殊性，因此"金课标准"便成为思政课"金课"建设的首要问题。关于思政"金课"标准的研究，主要观点包括两个方面：一是遵循吴岩提出的"两性一度""金课"建设标准。"两性一度"即高阶性、创新性和挑战度。他从思政课的角度进行解读,认为高阶性主要是针对思政课的功能和教学目标而言,体现着思想政治教育的价值和导向;创新性主要是指教学内容和教学方式的创新;挑战度指严要求、严考核。谢首军、陈庆庆(2019)等学者也有此研究。二是在"两性一度"标准下,提出思政"金课"的特殊标准,如李晓锋(2019)提出政治性是思政"金课"的方向保障,赵丽(2020)提出思政"金课"还应具备政治性与理论性双强、艺术性与引领性并重、前瞻性与实践性兼有的特殊标准等。在此基础上,思政"金课"建设的路径被提出,如树立大思政理念、教学目标的高阶性、教学内容的时代性、教学模式的互动性、教学手段的信息化、教学评价的挑战度等。

以上研究成果,从积极的角度来看,确实拓宽了思政"金课"的理论,在一定程度上有利于对"金课"这一新概念进行理解,同时也具有一定的实际意义,能够在课程的探索中起到引导作用。但是,这些成果也有一些内容需要进一步完善。例如,前期研究中,在对思政"金课"内涵或标准的界定上,高校思政"金课"的特殊性不够突出。再者对思政课教学的研究主要是站在国家和社会需要的角度,过分强调学生"建设者""接班人"等国家发展层面的身份,而忽视了接受主体的差异性和主动性,没有从大学生个人的需要和发展出发去研究大学生的学习内驱力。

二、高校思政"金课"的基本特征

高校思政"金课"的建设标准,结合前文所说的"两性一度",可以总结为以下特征。

(一)政治性

在思政课教学中我们要始终坚持并充分发挥其政治导向和价值引领作用,这是思政课的基本功能和特殊属性,也是高校开设思政课的目的。政治性是思政"金课"的首要特性,在教学过程中必须严格贯彻和遵循。政治性同时也强调了高阶性,因为相对知识和能力目标,价值目标是更高层次的目标,无论是教学内容、方法或评价的改革都应围绕着政治性展开,为高阶性目标服务。要达到高阶性教学目标,必然要求教学内容和教学方式具有挑战性和创新性。

(二)针对性

高校思政"金课"的教学内容不是固定的、一成不变的,而是有针对性的、与时俱进的。高校思政"金课"不仅应当紧跟时代，还要因材施教，做好大学生思想政治状况的调研工作，从学生的思想政治实际出发，发现问题、解决问题。

（三）适应性

适应性主要是指教学方式既要适应教学内容，还要适应学生特点。从辩证法的角度来说，内容决定形式，因此在教学方式上，无论是传统的灌输式教学还是现代的翻转课堂，选择教学方式的依据都是教学内容。再者，在信息化环境中成长起来的 00 后，有着新时代的思想特点、认知特点和学习需求，只有适应其特殊性，教学内容才能被学生接受。

（四）现实性

现实性是指思政课教学的成效要在实践中得以验证。因为思政课的特殊性，即时反馈只能对知识传递和能力培养情况做出评价，但学生的思想道德水平到底如何，要在现实生活中通过学生的行为体现出来。这就要求对思政课教学的评价要以教师评价为主体，辅之以同伴、辅导员甚至家庭和社会的评价，把评价范围延伸到课下、校外、线上，增加学生行为评价，变静态的一次性知识评价为动态的多元性综合评价，这样的评价结果才是客观的，才能真正为后面的教学改革提供依据。

（五）高阶性

高阶性主要在教学内容上体现，这一特征要求思政课的教学内容不能仅仅局限于理论知识，还要关注学生高阶的思维和能力，即解决复杂问题的思维和适应时代发展的能力。因此，思政"金课"就要塑造建构的、合作的、有意义的学习环境，让学生通过课程掌握建构性知识、复杂化知识、隐性知识等课本知识之外的知识，提高学生的信息检索、团队协作、知识领会、决策部署等多方面高阶认知能力。

（六）创新性

创新性主要体现在思政课程内容、教学形式和学习结果三个方面。课程内容要紧跟时代发展的步伐，融入新鲜的时代元素，凸显前沿性、先进性和时代性。教学形式上要打破以往教师"满堂灌""填鸭式"教学，增加学生的主动性，以及师生之间的交互性，促使学生积极思考问题，主动融入课堂，培养学生自主学习的意识和创新思维。学习结果也要具有探究性和个性化，教师不再是答案的来源者或提供者，也不再是真理或谬误的裁判者，而更多的是学生课程学习的引领者、推动者和协助者。学生通过自主探究的精神去寻找答案、检验答案、确证答案，挖掘自身的潜能，发挥自身的特长优势。

（七）挑战性

挑战侧重思政课课程的难度性，对教师和学生都有一定的挑战性。这就倒逼教师注重加强自身学术积累，花费时间和精力去研究教学改革，改进教学观念、创新教学方法、丰富教学内容、优化教学设计、提高教学能力、提升教学素养。对于学生而言，课程教学不是简单的知识记忆，也不是被动的理论接受，而是要学生动脑子、花心思，付出更多的心血搜集学习资料，掌握学术前沿动态，在静态的知识中把握动态的思想与精神，在掌握基础理论知识的前提下，运用逻辑推理思维，对知识和理论进行分析、排序、加工、重组，打破原来的知识体系，形成自我独特的见解。

三、"金课"对高校思政教学的价值

（一）有助于总结教学规律

思政课的特殊性与重要地位，对教学实践提出了更高的要求。在实际的教学中，教师不仅要掌握一般的教学规律，同时要抓住思想政治理论教育的独特教育规律，以"金课"建设为导向，进一步探明思政教学的一般规律与个别规律，以获得前沿性的教育教学理论指导。

（二）有助于提升教学效果

以"金课"建设为导向探讨高校思想政治教学模式的有效路径，有利于带动高校思想政治教育的改革，并对教育改革内容、范围、方式、标准进行界定，以提升教学实效，促进学生政治觉悟的提升和综合素质的提高，让思政理论教学取得突破性的进展。"金课"的建设，必须以马克思主义为核心。当学生对马克思主义理论的内容、作用、未来发展等方面产生疑问的时候，思政课程需要及时地解决这些问题。

不同时期的学生有着不同的生长生活环境，也会有着不同的特点，这就要求思政"金课"要与时俱进，适应不同群体的教学需求。当代大学生生长在信息技术高速发展的互联网时代，在信息接收和创造方面，有着更高的天分。这就要求思政课的针对性和实效性要进一步提高，教学的内容要紧跟时代，勤于调整，保持更新。

（三）有利于和谐校园建设

以"金课"建设为导向，探讨思政教学模式的优化路径，有利于构建和谐文明的校园环境，形成优良的校风校纪。思想政治教育的落地与深化能给予学生更多的人文关怀，并做好学生的心理疏导工作，使得学校发展治理有方、管理到位，形成健康文明的校园文化风尚，促进高校校园环境和谐而稳定。

（四）新时代政策的必然要求

打造思政"金课"是增强"四个意识"、坚定"四个自信"、做到"两个维护"的必然要求。2004 年，中共中央、国务院发布了《关于进一步加强和改进大学生思想政治教育的意见》；2015 年，中共中央办公厅、国务院办公厅印发了《关于进一步加强和改进新形势下高校宣传思想工作的意见》。十余年来，党中央始终对高校思政"金课"抱有高度的重视。

如果社会出现不稳定的局面，其背后必定有对思政教育的懈怠，和谐稳定社会的形成，一定离不开思政教育的支撑，这是历史给予我们的规律和启示。可以说，高校一直是意识形态斗争的重要阵地。

（五）有利于提高教师教学能力

习近平总书记指出，教师要做到"政治要强、情怀要深、思维要新、视野要广、自律要严、人格要正"[①]。教师是思政教育的直接参与者，因此，一支高素质的教师队伍是办好思政"金课"的关键所在。不同于传统教学中简单的"教学资源的拥有者"这一身份，在思政"金课"的教学中，教师需要承担更多的身份和职责。例如，知识内容的组织者、课堂教学的引领者、学生学习的合作者等。

---

① 习近平. 思政课是落实立德树人根本任务的关键课程 [M]. 北京：人民出版社, 2020.

第二节 打造思政"金课"的理论指导

一、打造思政"金课"的四个思想理论基础

(一) 马克思主义关于人全面发展的理论

卡尔·海因里希·马克思（Karl Heinnch Marx，1818—1883年）是全世界无产阶级和劳动人民的革命导师，是马克思主义的主要创始人。马克思主义中关于人全面发展理论为高校建设思政"金课"提供了科学指南。建设思政"金课"就是更好地实现人的全面发展，使大学生成为"通晓整个生产系统的人"。思政"金课"只有以此为目标，才会引起学生的共鸣，使学生自愿地参加相关课程的学习，在理论学习与社会实践的过程中形成正确的世界观、人生观、价值观，并能够使自身的意志和品质得以发展，成为全面发展的人才。

(二) 存在主义课程论

"存在主义"的理论基础要追溯到20世纪50年代。彼时得益于西方现代工业的发展，越来越多的学者开始对教育学提出了改革的要求，并通过不同的视角对教育理论与现实进行研究。

20世纪60年代，"存在主义教育"逐渐进入人们的视线。这种教育理念脱胎于存在主义哲学，根据存在主义哲学教育理念，课程应当在不断地对学生的适应中做出改变，而不能因循守旧、一成不变。

美国学者奈勒（G.Kneler）是存在主义课程论的代表人物，在他的理论中，学生是教材的主宰，而教材仅仅是学生自我发展的手段，因此，在学习过程中，不能仅仅将思路局限在既定的教材上，而要联系实际，根据时空的变换来对知识进行选择和理解。此外，存在主义还有一些其他的观点，例如，人文学科应当作为课程的重点，因为其能够更好地揭露人的本性及人生存的意义。

高校思政"金课"的建设，能够通过存在主义课程论获得许多启示。例如，该学派注重师生之间的精神交流，而课程也应当营造和谐的师生关系；该学派注重学生的情感反应，而课程也应当关注学生对思政课的获得感；该学派注重学生的人生价值，而课程也应当为学生指引人生方向，达到立德树人的效果。

(三) 杜威的经验主义课程理论

约翰·杜威（John Dewey，1859—1952年），美国乃至闻名世界的哲学家、

教育家、心理学家、现代教育学的创始人之一,实用主义教育思想的重要代表人物。《民主主义与教育》(1916)是杜威教育思想的集中体现。在课程方面,杜威认为,传统课程由前人的间接经验构成,并不适合学生的实际,故而教育是强制且机械的。

在杜威看来,有些课程具备充分的活动性和实验性,例如阅读、烹饪等,这些课程既能够直接满足学生的心理需求,也能够在不知不觉间满足学生的社会性需要。因此,杜威以经验论为基础,指出要摒弃传统课程中书本教材的统治地位,转而提高对活动性、经验性的课程的重视程度,让学生通过实践和经验进行学习。

杜威的经验主义课程论虽然是根据儿童心理特点与需要而提出的,但仍为高校思政"金课"建设提供了一定的理论支撑。思政课的课程内容将当今社会时政热点等诸多源于生活的要素融入其中,实践教学、社会实践活动等有效载体可以体现思政课的社会精神和社会意义,对开阔学生视野及启发学生思维都具有非常重要的现实意义。

(四)陶行知的生活教育理论

陶行知(1891—1946年)是我国现代杰出的教育家,晓庄学校的创办者,为中国教育发展做出一定贡献。1919年五四运动前夕,杜威来到中国讲学,陶行知深受其实用主义教育思想的启发,在对其思想进行继承和发展的基础上,结合当时的教育现状,提出了生活教育理论。具体而言,这一理论包括"教学做合一""生活即教育""社会即学校"三方面的内容。

在这些内容中,"教学做合一"是理论的核心,也是作为方法论的存在。正如陶行知所说:"先生拿做来教,乃是真教;学生拿做来学,方是实学。"[1]真正行之有效的教学,不应该是简单地以教师和书本为教学中心,而是要以学生发展的需求为出发点。

这一观点对于思政"金课"具有很强的借鉴意义。思想政治的教育从来都不是单纯的书本知识的灌输,而是一门与实际生活紧密相连、充满生命力的课程。学生在思政课的学习中,应当有充足的机会参与相关实践活动,锻炼自身的综合能力,从而能够真正地学以致用,将书本知识与社会技能相融合。

二、打造思政"金课"的三大标准

在第十一届中国大学教学论坛上,教育部高教司司长吴岩提出"金课"应该

---

[1] 引自1928年1月15日《乡教丛讯》第2卷第1期。

具备高阶性、创新性和挑战度的标准,这便是思政"金课"建设的切入点。

首先,高阶性要求学生通过思政"金课",将知识、能力、素质进行内化融合,形成解决复杂问题的综合能力,获得自身综合能力的全面提升,这是对思想政治教育质量的要求。其次,创新性涵盖了教学内容、教学方法、教学评价等多个方面,是思政"金课"质量不断提升的重要动力,也是思政教育不断发展的重要保障。再次,挑战度是指,思政教育需要有一定的难度设置,需要引起教师的重视和学生的思考。最后,不能忽视思政教育的政治性,思政教育不论形式如何,但要始终走在正确的方向上。

(一)政治性是思政"金课"的方向保障

政治性是思想政治教育课程的首要要求。究其原因,思政课本身就是作为政治教育的手段而存在的,其根本目的在于对学生民族观、历史观、国家观、文化观的培养,是国家意识形态教育的重要手段。作为大学生思政教育的主要渠道,思政课程肩负着政治功能和立德树人的责任。因此,政治性要在思政课中始终贯彻。

在部分高校,思政课课堂教学存在舍本逐末的现象,过分偏重教学形式、教学技术手段,过于强调授课内容的趣味性,弱化了思政课的政治性本质要求,这种现象必须纠正。我国的高等教育培养的是德、智、体、美、劳全面发展的社会主义建设者和接班人,牢固树立思政"金课"的政治性可以从常讲常新的教学内容和面对面的课堂教学形式两个方面进行贯彻。

其一,常讲常新的教学内容。思想政治教育的内容不能够仅停留在过去的历史和既定的理论,还要随着时代的发展而不断对内容进行丰富更新。一方面,要及时吸收马克思主义中国化的成果,对此进行深入研究并在课堂上进行讲解。另一方面,要时刻关注国际国内的热点新闻,将书本理论与现实生活相结合,从而使得课程更加鲜活,也更具先进性。

其二,面对面的课堂教学形式。面对面的课堂教学之所以被推崇,是因为这种教学形式在师生之间的语言沟通、情感传递、思想交流等方面,都有着其他形式无法比拟的优越性。只有通过面对面课堂沟通的形式,教师才能观察到学生内心的感受与思考,在教学时才能有的放矢,达到因材施教的目的。此外,学生在与教师的直接沟通中,会潜移默化地受到教师思维的影响,教师可以通过这种途径将辩证法等思维传递给学生,也可以在一次次的交流中影响学生,帮助他们树立崇高的政治思想和价值追求。

（二）高阶性是思政"金课"的质量保障

首先，高阶性体现在课程的高阶能力和高阶思维上，这一特征要求思政课的教学内容不能仅仅局限于对学生灌输知识，而是要培养学生个高阶的思维和能力，即解决复杂问题的思维和适应时代发展的能力。因此，思政"金课"就要塑造建构的、合作的、有意义的学习环境，让学生通过课程掌握建构性知识、复杂化知识、隐性知识等课本知识之外的知识，提高学生的信息检索、团队协作、知识领会、决策部署等多方面高阶认知能力。这对学生而言会形成一定的挑战度，可以从能力和素质的提升层面吸引学生，调动学生的主观能动性。思政"金课"的高阶性首先体现在教学目标上。学生能否形成正确的价值判断、价值选择和价值取向直接关系到思政课教学的成败。总的来讲，说服学生对政治观点和道德理念进行认同的过程，就是价值引领的过程，这一过程相较于简单的知识传授而言，本身就更具高阶性。

其次，相较于中小学的思政教学模式，高校的思政"金课"页更具高阶性。大中小学思想政治教育的知识框架有相同之处，导致不少大学生疑惑为什么要重复学习以往学过的历史和政治知识。因此，高校思政"金课"需要针对大学生的能力和特点，选取难度适宜的教学内容，提出具有一定难度的学习任务和要求，让学生感受到课程的挑战度。简而言之，想要大学生对思政课程的学习提起兴趣，首先不能让学生对这门课程产生"轻视"，因为轻视就代表着习以为常，而习以为常自然难以产生兴趣。高校的思政"金课"需要在教学安排中设置一些复杂或困难的任务，从而刺激学生进行思考，并使得学生在思考问题、解决问题之后获得成就感、自信心和进取心。同时，不仅是解决问题之后学生的喜悦，在面对问题时，那种新鲜感、趣味性，也会使得学生眼前一亮，从而改变对思政教育的传统看法，增加对该课程的学习兴趣。

（三）创新性是思政"金课"的发展保障

思政课教学应该是鲜活的，具有说服力和亲和力。照本宣科、生搬硬套的课堂教学无法真正提高学生的"抬头率"。思政"金课"的持续性建设需要从教学内容的创新和技术手段的创新两个方面着手，从教学内容到教学形式都做到有的放矢、因势利导。创新首先体现在对统一教材内容的多样化合理性诠释方面。思政课教材由国家统编，体现的是国家意志和时代要求，为教学提供了政治方向、内容框架、理论逻辑和价值遵循，具有原则性与一般性。课堂教学是由不同的教师团队面对不同的学生群体，区域差异、校际差异、专业差异等都较为显著，具有明显的差异性与特殊性。也就是说，统一的教材为思政课提供了教学的根本遵循，教师必须按照既定的教材内容开展教学活动。同时，教师可以基于教材内容主题，选择不同视角进行多样化的解读和诠释，从而将统一的教材内容转化为多样化的教学体系，使思政课富有吸引力，具有针对性。

思政"金课"的创新性还体现在信息技术手段的合理运用上。当今是"互联网+教育"时代，借助信息技术手段，教师可以采取更加灵活多样的教学方式。如采用精心制作的PPT、选取视频片段等多媒体手段辅助课堂教学，增强课程的感染力；利用慕课开展翻转课堂和混合式教学，让学生深度参与思政课教学过程，提高课程的互动性。

三、打造思政"金课"的三重思路

在全国高校思想政治工作会议上，习近平总书记指出："要运用新媒体新技术使工作活起来，推动思想政治工作传统优势同信息技术高度融合，增强时代感和吸引力。"[①] 因此，对科技的利用成了思政"金课"发展的一个重要手段。思政"金课"与科技相结合，其必要性一方面体现在授课形式上，另一方面也体现在当代学生的思维方式上。当代大学生生长在信息时代，其思维方式受到信息技术的影响，甚至可以说在学习方法、思维习惯、生活方式上，处处体现着互联网思维。因此，思政教育必须适应新时代学生的特点，通过与信息技术的结合，增强课程的知识性，提高课程的表现力，更展现课程的亲和力。

（一）瞄准精品思政慕课，重点建设线上思政"金课"

在诸多的线上教学模式中，"慕课"毫无疑问是当下十分成功的范例。它以简洁的操作、低廉的成本、丰富的资源、广阔的受众等优点，成为信息技术与教学融合的代表，也为高校思政"金课"的打造提供了极大的帮助。在政府积极支持、社会广泛参与下，我国高校慕课发展迅速，课程数量和选课人数都居世界第一，慕课已成为推动高校课程教学改革和促进教育公平的重要途径。

慕课的兴起同样也为思政课教学改革提供了机遇，一系列的思政类慕课成为学生追捧的"网红爆款"。国家精品思政慕课集中了全国优秀的教师和优质课程资源，是线上思政"金课"的典型代表。如武汉大学发挥马克思主义学科优势，将4门主修思政课制作成网上慕课，累计选课人数突破40万人次，4门慕课全部入选国家精品慕课，在全国产生了广泛影响。

---
① 2017年习近平总书记在全国高校思想政治工作会议上的重要讲话。

精品思政慕课的广泛推广与运用，一方面，可以发挥其示范引领作用，传播先进的思政课教学理念和教学方法，为全国思政课教学提供参考；另一方面，可以发挥倒逼作用，倒逼思政课教师认真研究教材内容，借鉴使用精品思政慕课资源，改进自身课堂教学。

在重点建设线上思政"金课"的过程中，需要关注三个方面的问题。首先，在教学内容上要充分发挥名校名师作用，组建教学团队，投入人力物力，精心选择教学内容，制作精良教学视频，为广大师生呈现优质的课堂教学范例，让学生对思政课教学内容耳目一新。其次，在教学过程上要精心设计教学环节并落实网络交流，借助网络手段展开热点、难点问题讨论，让师生各抒己见。通过网络讨论使真理越辩越明，让青年学生在广泛参与的氛围中树立价值认同。最后，在资源配置上要根据学校实力和教师教学特长，组建校内或跨校的高水平教学团队，集中力量重点建设，切忌"一哄而上"。

（二）推动课堂教学革命，广泛建设线下思政"金课"

除了以精品思政慕课为代表的线上思政"金课"以外，建设思政"金课"还需坚守课堂教学主阵地，发动课堂革命，广泛建设线下思政"金课"。慕课的应用虽然对思政课教学产生了广泛影响，但并不能完全替代传统的、更大范围的课堂教学，慕课与思政课堂是融合而非替代的关系。对传统的面对面课堂进行改革创新，全面提升思政课教学质量和效果，广泛建设线下思政"金课"是一项范围更广、难度更大、影响更为深远的艰巨任务。

建设线下思政"金课"可以从推动课堂革命入手，提升课堂的挑战性，激发学生的自主性。课堂教学有"五重境界"，从低到高分别是沉默、问答、对话、质疑、辩论。而思政"金课"的打造，自然是要不断追求更高的课堂境界，从而提高学生的学习效率，帮助学生进行更具深度的学习。

在一系列的探索中，"翻转课堂"逐渐获得了教师的青睐。这种"一反常态"的教学模式，能够轻而易举地将学生的积极性调动起来。具体而言，"翻转课堂"以师生之间的互动性作为课堂教学的重点内容。教师在课前要求学生事先学习课程内容，协作完成学习任务；课中教师不再多做知识讲解，而是留出时间围绕有关问题或理论进行深入阐释、组织交流辩论或开展学生作品汇报等，实现深度学习。这种教学模式不仅直接增强了学生学习的主动性，而且为教师节省了相当多的时间和精力。教师得以将更多的精力花在与学生的交流上，增强课堂上的互动。教师也可以更加细致地对学生进行了解，使得课程的安排更有针对性，提高教学效率，让学生的高阶能力和高阶思维得到更加有效地塑造和培养。

在课堂革命方面，清华大学思政课进行了有益探索：采取课外文献阅读和课堂引导讨论相结合的方式，要求学生课外阅读一些与思政课专题教学相关的学术专著，然后到课堂上进行文献导读、引导反馈和专题研讨。这种精心组织的课堂革命教学活动显著提高了思政课的高阶性和创新性，让学生收获满满。

（三）构建教师教学共同体，提供师资保障

习近平总书记在学校思想政治理论课教师座谈会上强调："办好思想政治理论课关键在教师，关键在发挥教师的积极性、主动性、创造性。"[①] 教师队伍的素质，是思政课质量保障的关键。教师在信息时代进行思政课程的建设，同样可以发挥信息技术手段的优势，构建教师教学共同体，实现资源共享，博采众长。

首先，搭建网络平台集中全国优质思政课教学资源，汇聚全国优秀思政课教师对统一的教材进行多角度、深层次的理解和分析。通过优质资源的共享，思政课教师在将教材体系转化为自身教学体系的过程中，可以有针对性地采用精彩案例，吸纳独到观点，有效提升课堂教学质量。优质教学资源的网络化、信息化可以更深层次地推动全国教育资源的公平化进程。

其次，在建设线上课程的过程中，要注重组建跨校教学团队，集中学校优势，发挥教师专长，相同课程教师相互学习、共同进步。由不同学校的思政课教师共同参与线上课程建设，教学团队能够围绕课程教学重点、难点进行交流研讨，相互启发，达到取长补短、共同提高的目的。利用信息技术构建思政课教师教学共同体，在共建共享优质资源的同时，还可以培养和带动教学团队，为思政"金课"建设提供师资保障。

四、打造思政"金课"的三项攻坚建设

思政教育是立德树人的根本。将思政教育打造为"金课"，为其赋予了丰富的色彩和深厚的底蕴，是当代思政教师的任务与使命。思政"金课"的三项攻坚建设，分别为以价值引领和信仰培育为目标，以自主学习和思维拓展为基础，以解决问题和切合实际为导向。

[①] 2019年3月习近平总书记在学校思想政治理论课教师座谈会上的重要讲话。

（一）以价值引领和信仰培育为目标

1. 把握横向与纵向的关系，突出重点和难点

中国近现代史跨度时间长，内容博大精深。既涉及各方面各领域的重要人物，又涉及重大历史事件；既有历史发展脉络的系统梳理，又有实践逻辑、理论逻辑和制度逻辑的深入分析。鸦片战争以后，中国陷入了内忧外患的境地，太平天国运动、洋务运动、戊戌变法、义和团运动、辛亥革命……相继以失败告终，中国人民处在水深火热之中。在中华民族危急时刻，中国共产党带领人民浴血奋战，中国踏上了新民主主义革命和社会主义革命与建设的伟大征程。

在对这段历史的讲授中，思政课教师要明白一个深层次道理——历史不是事件的简单汇总，而要凸显人民创造历史的伟大进程，找出贯穿其中的主旋律，这就需要把握好横向与纵向的关系。横向是指各个历史时段中国与世界的联系，纵向是把中国近现代史放在中华文明五千年的历史长河之中，要更多地关注长时段的历史发展大势和历史事件之间的逻辑。

思政教育需要横向的视野。在课堂上，教师应该将目光放眼全球，将国际历史事件、当前国际环境、世界发展趋势等，都融入授课的内容当中。同时，将世界史与中国史进行比对教学。通过这些手段，培养学生的全球视野，让学生既能够立足中国，又能够放眼世界；既能够树立家国情怀，又能够开拓全球视野；既能够秉持公民意识，又能够了解国际大势。

思政教育需要纵向的眼光。思政教育离不开对中国历史的剖析，在思政课堂上，教师需要通过纵向的历史对比，将中国近代的抗争史、发展史，全面而客观地呈现在学生面前。要让学生了解历史，感受中华民族复兴之路的艰辛，激发其民族责任感与历史责任感，将个人与民族自觉地联系在一起，坚定民族共同体意识。

2. 梳理历史与现实的关系，把握热点和焦点

把历史讲鲜活，把现实讲深邃，解读历史需要联系现实问题、热点问题，抓住人们普遍关注的焦点，总结前人的经验与教训。教师在课堂讲授中要分析各种争论，不能回避问题，而是引导学生思考，或者是引导学生重新看待这个问题，这就需要梳理好历史与现实的关系。

例如，在近代中国，林则徐提出了"开眼看世界"，而当今世界则变成了"世界看中国"。随着时间的改变，我国与世界的关系也在改变，"看"的视角也在改变。教师可以以此为切入点，通过不同时期视角的对比，启发学生进行思考，将历史与现实相联系，进行比对学习。

再如，讲到洋务运动是中国现代化的开端，包括企业现代化、海防现代化和教育现代化。选取重点历史事件——京师同文馆，再由京师同文馆讲到2035年教育强国计划，在历史中有重点，在重点中见历史，由历史到现实，让历史"活"起来，给学生以宏观地引导和对历史大势的把握。

从知识的层面来看，这种教学开阔学生视野，有利于学生对中国历史的发展产生更加全面、深入的理解；有利于学生总结历史经验、发掘历史规律；有利于学生更加准确而辩证地把握历史与现实之间的关系；有利于学生对历史和文化的传承。从思想的层面看，这种教学有利于学生增加文化认同和民族情感，有利于实现思政课对学生进行价值引领和信仰塑造的终极目标。

3. 协调主导与主体关系，变痛点为通点

在思政教学中，师生之间的关系并非是完全对立的，而是辩证统一的。一方面，教师的主导作用推进着思政课的改革创新；另一方面，学生的主体性提高了思政课的教学质量。

在过去的一段时间里，教师的主导性和学生的主体性存在一定程度的失衡。要么只强调主导性而忽视了主体性，教学过程变成了单向维度，教师是讲台上"孤单"的朗读者，课堂上教师与学生既没有理论上的切磋，也缺少情感上的互动，课堂氛围比较呆板；要么只强调主体性而忽视主导性，过于迎合学生的需求，教学停留在一个较低层次上，缺少教学目标指向的灵魂，缺少启迪力和感召力。

为了避免上述情况，讲授中要注重协调教师主导与学生主体的关系，做到教育者与教育对象同频共振。教师可以充分发挥案例教学的作用，在讲到某一知识点或历史事件的时候，可引导学生回到历史的现场，身临其境地思考"假如我是其中的一员……会怎么样？""为什么会这样？"等问题，充分发挥学生主体性作用。运用富含逻辑推理的案例有节奏地推进，吸引学生的注意力，引起学生的共鸣，让课堂变得生动活泼充满生机。

此外，让学生亲身参与到教学中，也是提升其学习兴趣、增强其学习动力的重要手段。例如，主题互动、名著导读、学术讨论等活动，都可以将学生的热情充分调动起来。

（二）以自主学习和思维拓展为基础

1. 认知和思维层面，优化课程设计

知、情、意、行是思政课对学生进行调动的四个重要维度，教师对整个教学时间和空间的立体把控在一定程度上影响着学生的认知系统在学习过程中打开与接受的程度。思政课既是一门政治课，也是一门历史课，其价值观与历史观贯穿着课程的方方面面。因此，要培养学生学习的自主性、提高历史思维能力，需要在课程设计方面下足功夫。

首先，有引人入胜的精彩导入，用简单而有趣的引子来破题。

其次，课程设计要有条理性，根据时间、难度等维度，对内容进行递进，使主线更加清晰，从而使课堂更加结构化。

最后，用富有逻辑性的细节故事，引导学生辩证分析和看待历史人物与事件。

思政课的一个重要内容是《中国近现代史纲要》，教师需要让学生首先厘清历史的走向，立足历史才能展望未来。历史并不是孤立存在的，而是与现在紧密结合的，学生在学习历史的过程中，应当逐渐进行深入的思考，古为今用、以古鉴今，既要明白国家与民族的过去，即"从哪里来"，也要思考国家和民族的未来，即"往哪里去"。例如，教师可以在讲述中国共产党斗争的历史时，对学生提出这样的问题："中国共产党能够获得一次次的胜利，而这胜利究竟是因何而来的呢？"学生通过思考讨论，得出众多答案，最终意识到中国共产党的辉煌，建立在一次次的失败与磨难之上。通过这种思考，学生才能理解中国共产党一路走来的艰辛与曲折，才能理解中国共产党的坚毅与伟大。

好的课程设计和讲授能够在思维与情感两方面对学生产生刺激。学生通过学习，可以获得理性思考、逻辑思维、理论研究的能力，也能够收获以古鉴今、家国一体的情感，将自己的人生发展与国家的建设发展相结合，从而在最大限度上提升学生自主学习的内生动力。

2. 情感和意志层面，创新教学形式

思政课教师在课堂教学中，除了传道授业解惑外，还应注重提升课程的感召度。所谓"感召度"，就是要唤起学生内心深处的家国情怀。家国情怀并不是无中生有的，它深深地埋藏在每一个中国人的内心深处。通过对家国情怀的感召，可以将理性的历史知识转化为感性的历史感情，唤醒学生对历史的记忆，增强学生对民族的情感。

其一，思政课可以与重大的节日、纪念日相结合，通过主题创作、凝练特色，一改传统课堂教学形式，舞台就是讲台，节目就是课件，演出就是教学，采用朗诵、演讲等多种表现形式，使教学变得生动，体现出对中华民族的深厚情感。

其二，让学生上台讲课，会产生更好的教学效果。思政课的教学应当鼓励学生走上讲台，这不仅是对学生表达能力的培养，更核心的意义在于学生亲自对思政课进行讲述，能够深化学生对课程内容的理解与思考。学生通过亲身的讲授，也能加容易坚定自身的理想信念，提升自身的品德素养，塑造自身的家国情怀。

其三，思政教育与"四史"教育相结合。教师应当对党史、近代史、现代史、国际社会主义发展史等历史内容进行讲授，引导学生对此进行思考与追问，推动学生挖掘历史中的文化内涵，使其更加主动地面对历史、学习历史、感受历史。

3. 实践和行动层面，提升学习效果

在学校思想政治理论课教师座谈会上，习近平总书记指出："把思政小课堂同社会大课堂结合起来，教育引导学生立鸿鹄志，做奋斗者。"[①]在思政课的学习过程中，实践是必不可少的环节。它是活跃课堂的途径，是提升教学效果的良方，更是立德树人的重要环节。思政课的学习效果如何直接体现在认识论层面上为学生所接受的程度，这就需要通过实践和行动来确保家国情怀和政治认同完成入脑入心的最后环节。开展多样化的实践教学，培养学生的探究能力，如进行实地调查、撰写调研报告，以小组形式录制微视频，主动设计场景、提出假设、解决问题，用自己的视角和话语表达对国家社会的关注。通过实践，学生可以还原历史、跳出历史再回到历史，能够在解决问题的过程中深刻领悟历史发展的曲折性和分析历史的辩证性，这在某种程度上提升了课程的思想性和针对性。学生可以摆脱以前单纯完成任务式的被动学习状态，个性特点能够充分发挥出来，实现从被动学到主动学的重要转变，形成良性循环，使信仰落实在认知和认同的层面上，以实践促学习，实现思政课总体效度的提升。学生也能够在实践中感悟体验、激励意志、规范品行，能够以更加自信的心态面向未来、迎接未来。

（三）以解决问题和切合实际为导向

1. 完善专题设置，以精准教学内容对接学生

2021版《中国近现代史纲要》教材共设置10章内容，在具体教学过程中可以突破原有章节体系的限制，对教学内容进行整合、提练、概括，遵循整体性、科学性、政治性原则，设置既前后连接又相对独立的专题。

以"思想性、理论性和亲和力、针对性"作为专题设计的出发点与归宿，确保教学目标和内容前后呼应、相互契合。同时，专题的设置要强化思政课历史、逻辑的整体感、厚重感，将中国近现代史的发展脉络、基本规律和主要经验等系统化，加深学生对历史的理解，推动学生对历史的思考。

例如，可以将我国的历史大致分为几个专题，每一个专题有其特定的主题词，学生仅仅根据这些主题词，就可以大致对这一时期的历史基调有所了解，并以此

---

① 2019年习近平总书记在学校思想政治理论课教师座谈会上的讲话。

为视角进行学习。教师的教学也可以围绕特定的专题进行备课，让学生们围绕某一专题展开学习，这样做可以使课程更加有条理，有助于进一步提高教学实效性。

2. 打造问题链，以理论的逻辑力量唤醒学生

学习要以疑问作为动力和出发点，因此，在教学的过程中不可毫无目的地"大水漫灌"而要以问题作为起点，通过提出问题来引导教学，通过设计问题来进行教学，通过解决问题来完成教学。在问题的设计中，也有许多的技巧，例如，将问题细化，使其更有针对性；将问题与现实热点结合，使问题更有吸引力；将问题根据难度或内容进行拆分，形成"问题链"，从而推动学习的层层递进等。这样的授课模式能够激发学生的求知欲，也更有条理和逻辑。然而，这样的课程设计具有一定的挑战性，其中的难度需要教师精准把握。

以"抗日战争"这一时期的历史为例，在进行这一主题的讲述时，教师就可以设计诸多问题，让学生进行主动思考。例如，日本大举侵华处于怎样的原因？如果西安事变没有和平解决，会有怎样的后果？正面战场和敌后战场二者有怎样的关系？中国共产党在这期间以怎样的方式发挥着中流砥柱的作用？

这一系列的问题，都可以引导学生直面知识的漏洞与困惑。通过对问题的思考与解决，学生可以加深对这一时期历史的了解与认识，并从中得到现实的启示，对思政课教学也有一个新的认识。同时，学生在不断地思考中学习，还可以将历史思维与逻辑思维相融合，不断开阔自己的视野和思维，塑造自己的思想价值体系。

3. 借助新媒体，以新颖的互动形式回应学生

思政课与新媒体相结合有其现实的必要性。当今社会互联网技术快速发展，新媒体时代的到来使得信息传播的格局发生了转变。当下，新媒体的传播速度更快，移动性更强，交互性更好，个性化体现得淋漓尽致。因此，思政课与新媒体技术的结合已经成为时代的必然性选择。

例如，可以将微信公众平台引入思政课教学。微信公众平台操作便捷，即时高效，投放时间不受限制，内容多元立体，契合学生的接受规律和认知特点，符合学生在新媒体技术下的交流习惯，有利于主客体互相理解和交流，能够增加师生互动的趣味性，促进教学深入日常生活，增强思政课的亲和力。

通过微信公众号推送与课程相关信息，包括教材内容扩展、课外学习资料和阅读书目、时政热点、专家解读等，让教学内容不断贴近社会、贴近时代、贴近生活。在互动环节可以凝练一些"微主题""微话题"展开讨论，如"中国革命的关键词""今天，我们为什么要崇尚英雄""新时代大学生如何继承和发扬伟大

抗美援朝精神"等。通过话题探讨激发学生主体意识和学习兴趣，引导学生胸怀家国天下的情怀，了解学生所思所想、关心的热点焦点，积极回应学生。

五、打造思政"金课"的基本模型

根据思政"金课"建设标准，在教师积极主导下，充分发挥学生的主体作用，新时代思政"金课"应构建"以学生为中心"、融合三维课堂、综合运用六种教学方法的建设模型。

（一）思政"金课"建设要始终围绕学生这个中心

1998年，《世界高等教育宣言》（以下简称《宣言》）被联合国教科文组织提出。《宣言》中首次提出了"以学生为中心"的理念。在此之后，学生在教学活动中的参与度开始逐渐提升。我国也以此为指导，进行了诸多探索，例如启发式教学、案例法教学、研究式学习、实践性教学等，并取得了不菲的成效。

新时代高校思政"金课"要将这些优秀的思政课改革成果不断进行推广，通过精心设计教学，充分调动教学中学生的积极性，从而不断培养其自我"觅食"的高阶能力。

其一，以学生为中心，首先要满足新时代新学生的新需求。当代大学生生长在信息时代，其思维方式受到信息技术很深的影响，甚至可以说在学习方法、思维习惯、生活方式中，处处体现着互联网思维。因此，思政教育必须适应新时代学生的特点，以学生的需求与特点为中心，主动对学生进行适应。例如，可以通过与信息技术的结合，增强课程的知识性，提高课程的表现力，展现课程的亲和力。

其二，以学生为中心要求学生学习方式从"坐中学"向"做中学"转变。"坐中学"是传统教师主讲、学生主听的教学模式，"做中学"是指通过学生进行自主学习、研究性学习和深入实践学习的方式，即通过自己动手、动脑去获取信息、认识、技能的态度。"做中学"要求教师从大包大揽的灌输中解放出来，激发和引导学生学习的主动性，更加关注学习的过程而非考试的结果，推进学生"博学之，审问之，慎思之，明辨之，笃行之"，使学生通过多种方式提升理论运用能力，确立理想信念，拥有仁爱情感。

其三，师生之间的交流是以学生为中心的重要体现。学生是学习的中心，更是问题的中心，教师应当在与学生的不断的交流中，发现学生的问题，并引导学生解决问题。有些问题学生可以自己发现，但这一发现的过程需要教师进行引导；

有些问题学生难以自己发现，这些问题就需要教师进行指出。之后，教师要在与学生的不断交流中，引领学生分析问题、解决问题，并鼓励学生提出新问题。这样一来可以使教学更具针对性，二来可以提升学生学习的效率及思想道德培养的进程，三来可以增加学生在学习中的获得感与成就感，提高学生对课程的兴趣与热情。

（二）思政"金课"建设要融通"三维课堂"

中宣部、教育部印发的《普通高校思想政治理论课建设体系创新计划》中明确提出："要探索构建网络教学和课堂教学相互支撑、理念手段先进的立体化教学体系。"因此，思政"金课"不能仅仅满足于某一种授课模式，而要统筹兼顾线上授课、线下授课与实践学习，将三者相融合进行综合性教学。

第一，在"三维课堂"融通中建设课堂翻转的线下"金课"。师生在统一时间、统一地点的传统教学课堂依然是思政课教学中不可或缺的方式，这是促进有温度、有深度、有触感的师生交流和提升高校思政课亲和力和针对性的必然要求。线下"金课"是在其他两维课堂基础上进行针对性教学和高质量互动的统一，师生将在交流、分享甚至交锋中激发出高阶层次的认知、思考和创新。

第二，在"三维课堂"融通中促进内涵丰富的实践"金课"。互联网时代实践教学引导学生通过线上课堂进行自主研究性学习，了解低阶的知识，并在自学的过程中逐步培养解决复杂问题的综合能力和高级思维，提升深层次理论认知能力和创造力等高阶认识和能力。新时代只有使学生在社会大课堂和自主学习实践中获得愉快和深刻的学习体验，才能为线下课堂翻转创造条件，从而进一步提升大学生知情意行水平，真正提升高阶能力。

第三，不断拓展线上课堂，打造各具特色的线上"金课"。现阶段我国已经开发出许多精品在线思政课程、名校网络课程、慕课、微课、视频等。在利用网络优势，加强优质慕课共享基础上，各个高校应遵循因地制宜、因时制宜、因材施教原则，构建并不断更新、完善个性化的互联网上课堂。既要充分利用公共的、优秀的思政教学资源进行跨时空、促共享的优势，也要充分运用互联网教学留痕管理、线上讨论、交流、及时释疑解惑等特殊优势，将线上课堂、实践课堂和传统课堂相互嵌入，从而实现"1+1+1＞3"的思政课教学效果。

（三）思政"金课"建设要促进六种教学方式的统一

融合三维课堂，教师和学生都需要做到"听、读、看、写、讲、行"，从而实现以教促学和以学促教的统一,师生共同努力打造出新时代"金课"。

第一,教师和学生都要虚心"听"。教师要虚心听优秀的网络思政课程和身边同行的课,不断提升教学能力,还要虚心听学生提出的问题、表达的观点和学习的成果,从而增强教学的针对性,更好地释疑解惑并及时激励学生,不断增强学生学习的兴趣和获得感并促进教学相长。一方面,学生要虚心听教师授课,弥补自主性学习可能出现的片面性、碎片化和深度不够问题;另一方面,要虚心听同学的学习体会和成果汇报,学会欣赏、质疑和不断深入思考,从而看到自身学习的差距和自我学习的优势,不断完善和提升自我。

第二,教师和学生都要认真"读"。新时代大量的书籍和海量的资讯唾手可得,虽然,这为阅读提供了良好的环境,却极易出现无所适从、难以选择的困境。因此,教师首先要自己多读书,从而做好学生的导"读"工作,通过推荐好书、引导读书,不断培养学生学习经典、阅读原著、系统阅读等深度阅读的习惯,使阅读成为一种生活态度、一种学习责任、一种精神追求,在阅读中不断提升高阶能力。

第三,教师和学生都要多维"看"。教师要有广阔的视野,要将回头看、原地看和向前看结合起来,要将系统性、理论性的著作、文章和网络上最新的资讯、案例结合起来,要将看现象和看本质结合起来,不断提升自身思考问题的高度、理论研究的深度、知识视野的广度和观察世界的跨度。学生要在教师的引导下,多看充满正能量、质量高、内容全、影响广的著作、论文、视频、资讯和慕课。只有多看才能拓宽师生的视野,理性分析新时代我国发展中遇到的纷繁复杂的矛盾和问题,从而激励大学生主动抓住发展的机遇。

第四,教师和学生都要加强"写"。高校思政课教师要将研究与教学结合起来,既要进行教学改革的研究,通过"写"将最新的教学理论内化,并在此基础上不断实现教学的改革创新,又要抓住中国特色社会主义新时代的背景,通过"写"为哲学社会科学研究添砖加瓦。只有教师具备较强的研究能力才能更好地引导学生"写",学生在"写"中将进一步提升理性思考、总结规律、研究创新的能力。

第五,教师和学生都要注重"讲"。师生共讲是思政"金课"的重要体现,教师要将深厚的马克思主义理论功底、丰富广博的知识、关心社会现实问题和满足学生学习需求结合起来,讲到学生心里去,让学生心服口服。学生则需要精心准备,在课堂中要围绕教师设定的主题,讲学习中遇到的问题和困惑、讲研究得出的成果、讲触动心灵的案例等等。要通过高质量的"讲"不断完善学生知识体系,提升学生系统思考能力,增进学生分工合作意识,提升语言表达能力,增强开拓创新水平。

第六，教师和学生都要投入"行"。高校思政"金课"打造需要把思政小课堂同社会大课堂结合起来。一方面，切身体验伟大的历史遗迹、生机勃勃的社会主义实践成果，真正深化对理论的理解，增强对社会的认知，滋养爱国的情感，思考自身的使命；另一方面，思政"金课"也要始终注重知行合一，不断以知促行、以行践知。教师要立足红色传承、立足实际需求、立足强国建设，带领大学生走进革命老区、贫困地区或城乡社区开展志愿服务。

第三章 打造高校思政"金课"的途径

思政课是立德树人的关键课程。思政课的目的就是要让学生形成正确的"三观",要实现思政"金课"的建设目标,需要多个方面共同努力。本章从高校思政"金课"教学方法、资源挖掘与育人体系建设等多方面分析了打造高校思政"金课"的途径。

第一节 高校思政"金课"教学方法的运用

一、高校思政"金课"教学方法的内涵

高校思政"金课"的教学方法,简单来说就是教师采取的方法、手段、工具的合集。它以教学目标和教学任务的实现为目的,并寓于整个教学过程中。而教学方法的选用是否得当,也直接决定着教学目标能否实现、教学工作能否收获预期的效果。

对于教师而言,最重要及最复杂的事情,莫过于教学过程中对"教"的方法的把握。之所以说其复杂,是因为教学的方法并不是一成不变的,没有任何一种方法能够放之四海而皆准,教师需要根据时代的发展,以及学生的变化对教学方法进行动态地改变。因此,对教学方法的研究,本质上并不是对"教"的单独研究,而是要与"学"相结合。"教"与"学"一旦割裂,那么任何对"教"的探索,甚至任何"教"的过程,都会失去价值和意义。

总体来讲,教师的"教"与学生的"学"是统一的,二者统一在于师生之间的互动与交流。离开了交流互动,"教"便是空洞虚假的,"学"也是流于表面的。因此,对思政"金课"教学方法的研究,也要兼顾对学生学习方法的研究。

二、高校思政"金课"教学方法的基本特征

对高校思政"金课"教学方法特征的研究，不能忽视其思想性、政治性、理论性的特征，也不能忽视其道德指向、思想引导、价值引领的功能。在此基础上，对高校思政"金课"教学方法进行研究，可以得到其指向性、制约性、综合性的基本特征。

（一）高校思政"金课"教学方法的指向性

所谓"指向性"，就是思政"金课"的教学方法，应当始终指向马克思主义。具体而言，就是引导学生坚定地信仰马克思主义思想，提高自身的思想品德，在实际生活中对马克思主义思想，以及社会主义核心价值观进行践行。

思政"金课"的指向性表明，思政课程的目的并不是对理论知识的简单讲述，也不是对某项实践技能的简单传授，而是要以立德树人为目的。思政课要通过对马克思主义理论知识的传播，为学生传递正能量，引导学生提升思想道德情操，让学生树立牢固的马克思主义信仰，形成正确的世界观、人生观和价值观。

简单来说，思政"金课"的课程目标，并不是解决"传授多少知识"的问题，而是解决"培养什么样的人"的问题。

同时，"指向性"还意味着，高校"金课"的一切尝试、改革、建设、发展，都应以课程的教学任务为中心，而不能"为了改而改"，不可舍本逐末，要始终把思政教学任务放在第一位。

（二）高校思政"金课"教学方法的受制约性

所谓"制约性"，简单来说就是"条件"。思政"金课"的教学方法，并不是可以随意选择的，也不是看到某个方法便可以"拿来就用"的。若不能够对制约性提起重视，教学就会显得"无的放矢"。教学方法的选择，必须考虑诸多主观与客观的制约因素。例如，教学目标、教学条件、书本内容、学生心理等。具体而言，教学方法的制约性主要体现在四个方面。

其一，教学目标对教学方法的制约。教学目标对教学方法有着最为直接的影响，不同的教学目标决定了教学方法的不同。通常而言，高校思政"金课"的教学目标分为"知、情、意、行"四个角度，而不同层面的教学目标，都要有不同的教学方法与之匹配。

其二，教学内容对教学方法的制约。教学内容与教学目标是密不可分的，目标是内容的纲领，内容是目标的具体体现。思政课的教学内容不仅具有极强的理

论性，还有鲜明的政治性，因此，在教学方法的掌握上，既要兼顾严肃的内容，也要表现生动的形式，通过特定的教学方法，将说服力与吸引力统筹兼顾。

其三，教学条件对教学方法的制约。这里的教学条件，既指物质条件，包括教学场地、教学设备等硬件设施，也指精神条件，即学生的知识储备、情感心理、思考方式等。在教学方法的选取上，要做到顺势而变，在不同的环境中将教学方法灵活运用。

其四，师生因素对教学方法的制约。这种制约体现在教师和学生两个方面。就教师层面而言，教师自身的学识、经历、性格、特长等，都会对课程产生极大的影响，同样的方法理论，由于教师的不同，呈现出来的效果也可能会大相径庭。就学生层面而来，学生对相关知识的储备、认知、需求、兴趣等因素，也会反作用于教学方法，同样的教学方法面对不同的学生也会产生不同的效果。因此，教师在教学方法的选择上要做到适时调整，不断提高教学方法的针对性。

（三）高校思政"金课"教学方法的综合性

所谓"综合性"，是指教师在实际的教学中，需要对多种教学方法进行综合应用。究其原因，在于教学过程本身的多样性与复杂性。因此，教师需要根据教学过程中不断变化的矛盾，将教学方法相互结合、融会贯通、灵活运用。

这里的综合性，并非是教学方法的简单累加，也不是简单的"裁剪拼凑"，而是一种"有机互补"。换而言之，并没有某一固定的教学模板来告诉教师，在什么内容、什么进度、什么目标的情况下，分别应当使用什么方法。教师应当从整体和实际出发，根据教学情况和学生情况，对方法进行取舍与把握。

此外，这种"综合"与"互补"，还体现在师生之间的互动上。教师与学生之间的交互，促进了教学内容的交流，也体现了教学方法的互动，这本身就是一种教学方法综合化的过程。

三、高校思政"金课"教学方法的有效运用

思政"金课"的教学成果，受到环境、内容、主体、手段等多种因素的影响，在这一系列相互链接、相互作用的因素之中，教学方法无疑是对教学质量影响最为显著的因素。因此，教学方法也成为高校"金课"改革建设中最主要的研究对象。

对高校思政"金课"教学方法的研究，从学生的角度来看，可以帮助学生树立正确思想，提高学生学习的热情与效率；从教师的角度来讲，可以进一步厘清对教学方法的认知，从而提高教学效率，改善教学水平。

通过各个高校在实践中的探索，诸多先进的教学方法被研究、推广并使用。本节选取了其中三种具有代表性的教学方法进行研究论述，它们分别是：启发式教学方法、互动讨论式教学方法、心理学教学方法。

（一）启发式教学方法的运用

"启发"就是要开拓学生的思维，让学生通过主动的思考，领悟知识、发现问题、解决问题，最终掌握知识的内涵。回顾我国的历史，孔子、朱熹等一系列教育家、思想家，都提出了类似于"启发式教学"的相关理论。现代学者刘艳军和田建湘也提到："高校思政'金课'必须坚持启发式教学，这是从高校思政'金课'的目的、任务出发的，是由高校思政'金课'教学过程的特点决定的，也是高校思政'金课'教学对象特点的要求。"[①]

在我国，启发式教学一直受到大力推崇。它要求教师通过对教学资源的利用，调动学生的积极性和能动性，引导学生对问题进行思考，让学生在思考中逐渐掌握知识，并运用知识解决实际问题。

具体而言，启发式教学方法包含以下几方面的内容。

1. 要以了解学生思想、行为、学习情况为前提

教师是无法替代学生进行思考与学习的。因此，教师应当将教学的重点放在激发学生思考和教会学生思考上。这就要求教师对自己班上的学生有着全面、清晰、准确地认识。具体而言，教师了解学生可以通过以下途径。

①在授课之前，通过问卷调查的形式，对全班学生进行简单的摸底，通过问卷，大致了解学生对于课程的认知、态度与疑惑。

②在授课之中，同样以问卷调查的方式，对全班学生进行调查，从而获得学生对于教学进度、教学内容、教学期待等方面的反馈。

③对部分学生进行一对一的访谈，通过深入的交流了解学生的内心想法。

④与班级的辅导员、班干部进行交流，侧面了解学生的思想、学习状况。

2. 要充分发挥教师的主导作用和学生的主体作用

在启发式教学中，教师的主导作用与学生的主体作用是有机结合的。

一方面，"启发"行为是由教师进行主导的，启发往往通过教师在课堂上的讲解、提问、互动等形式来实现。

另一方面，"启发"的主体是学生，启发式教学的落脚点也在于学生。学生

[①] 刘艳军，田建湘. 高校思想政治理论课教学改革研究与实践[M]. 北京：中国书籍出版社，2016.

通过一次次启发式的学习，开拓了思维，提高了创造力，获得了学习动力，收获了对知识进行独立思考的能力，取得了全面的发展。

3.启发的实质在于内容而不偏重于形式

启发式教学方法并不拘泥于某种形式，其表现形式是动态发展的。因此，对启发式教学方法的界定，并没有固定的标准，而是更多地体现在三个宏观方面。

①在教师的引领下，学生能否对书本的知识进行积极主动的理解，从而达到课程目标。

②学生能否做到触类旁通，在面对与教材相似的知识或技能时做到举一反三。

③学生能否学到理解知识、掌握技能的方法。

可以说，启发式教学方法，并不是一种具体的教学方法，而是一种蕴含在各种教学方法中的教学理念。正如学者刘永和所说，"启发式教育法"是全世界教育教学方法的"根本大法"，是教育教学方法的"根"，各种各样的教育教学法都是从这个"根"上生长出来的枝叶和花果。[①]

（二）互动讨论式教学方法的运用

互动讨论式教学法所强调的内容在于不同观点的交流碰撞，这种交流碰撞是建立在互动双方平等地位的基础之上的。从形式上来讲，它不仅包括学生之间的交流，也包含了师生之间的交流。该方法指出，学生通过不同观点的交流碰撞，可以产生探索知识的欲望及学习的主动性，对于交流双方而言都是提高的过程。在实际的教学中，互动讨论式教学法有多种表现形式，这些表现形式大致可以分为四类。

1.课堂讨论

课堂讨论是使用最为广泛的互动讨论式教学方法，其可操作性强、学生接受程度高，有着天然的优势，得到了学界广泛的认可。

课堂讨论虽然表现出来是"全班参与"的热闹情景，也确实有着一定的积极效果，但值得一提的是，这并不意味着参与的人数"多多益善"，也并不代表这种方法在任何情景下都适用。教师在采取课堂讨论的教学方法时，应当注意教学的内容与时机，同时需要提前对讨论的内容、范围、形式等进行详细的规划。

---

① 刘永和. "启发式教育法"是教育教学的"根本大法"[N]. 中国教育报，2013-03-22.

2. 师生交流

师生交流的前提条件是师生之间平等融洽的课堂氛围。在这个过程中，教师需要将舞台更多地交给学生，让学生主动地进行表达、思考、判断。

师生互动不同于简单的提问回答，教师在师生交流中不可将问题限制得过于死板，否则交流的过程会逐渐机械化，学生也会逐渐丧失互动交流的兴趣。此外，教师在互动时还要切记，不可将交流转变为说教，而要培养学生主动辨析不同观点的能力。

3. 小组合作

当下，高校的思政教育大多以大班授课的形式开展，课堂讨论和师生交流受到一定客观条件的限制。此时，可以选择开展小组合作，让学生在一定的圈子里进行交流。这里的合作可以是课堂上的问题探讨，也可以是课后的作业任务。

此外，教师在学生进行小组交流的过程中，不可当"甩手掌柜"，而要与学生进行交流互动，对学生在交流中遇到的问题及时答疑指点，这不仅会增加教师的亲和力，也会使小组合作更加高效。

4. 其他形式

除了以上的互动形式外，一些学校还根据不同的授课内容，采取了更具新意的互动方法。例如，对社会热点事件进行案例式讨论，对社会焦点问题进行嘉宾式讨论，对一些具有争议的话题进行辩论式讨论，对一些情境进行模拟式讨论……这些互动形式不仅表现新颖，而且贴合特定的教学主体，既能够满足思政"金课"教学的需求，也能收获学生的喜爱。

（三）心理学教学方法的运用

高校思政"金课"不仅是"智育"的环节，更是"德育"的环节。因此，思政教育不仅要让学生明知识、懂道理，更要让学生树信心、长信念。同时，学生所学习的内容，也不局限于学生个人修养的塑造。个人与集体、与社会、与国家的关系，也是思政教育不容忽视的内容。

思政"金课"究其根本，是要在道德、情感、信念、意志、行为上，对学生进行全方位的培养，使其能够服务于社会主义事业。因此，思政教育必须从心理层面入手，对学生的思想进行洗涤与滋养。

在这样的需求下，心理学逐渐步入了高校思政"金课"教学的视线。在高校的思政教学中，借助心理学的教学方法，可以在潜移默化中实现对学生的心理引导，达到"润物细无声"的效果。在诸多心理学教学方法中，情境教学法最为突出。

情景教学法的核心在于对学生情感的激发。首先，由教师在教学过程中创设一个情境，这一情境的创设不仅要生动形象、富有情感，更要带有特定的教学目标。之后，学生需要融入这一情境之中，在情境中激发情感，进行对知识的学习。正如陶行知先生"接知如接枝"的比喻一样，情境教学法就是一门"嫁接"的技术，教师运用这一方法授课，就是将如树枝一般的知识，嫁接到如树干一般的学生身上的过程。我们所常说的"晓之以理，动之以情"，其实也正是情境教学法的通俗体现。

建构心理学是情境教学法的直接理论来源。在建构心理学看来，人虽然通过学习获得知识、形成思想，但知识并非只是对经验作简单的复制与拷贝，相反它是将环境中的信息转变为与原有图式相吻合的知识而得以建构起来的。因此，思政"金课"需要为学生创造一种可以进行自我调节与主动认知的环境，从而提升教学效果。

思政课有着极强的理论性和内容的严肃性，往往与"烦琐""枯燥""深刻""复杂""抽象"等词语挂钩，如果忽略了学生的感性因素，将学生视为简单的学习机器，对知识进行简单的灌输，那很难实现教学的目标。

良好的情感体验对于认知活动具有积极的推进作用，可以在认知学习过程中产生极大的能量。思政"金课"的课堂，应当努力向轻松愉快的方向转变。在思政课的学习中，要让学生产生耳目一新的学习体验，营造积极活泼的课堂氛围，在这样的环境中，学生不仅会提高知识的获得感，还会收获自我认同感。教师在这样的条件下教学，往往会产生事半功倍的效果。学生通过这样的学习，不仅更加容易对知识进行理解，还会形成长久的记忆，在日后的生活实践中，也会将思政教育的内容努力践行。

在方法论的视角看，情境教学以反映论的原理为基础，要求教师利用客观的教学条件对学生的主观意识进行塑造和作用。在情境教学中，教师引导学生获得感性认识，并逐步将感性认识生化为理性认识，让学生实现从形象感知到抽象理性的飞跃。正如捷克教育家夸美纽斯在《大教学论》中所说："一切知识都是从感官开始的。"[1] 思政教师通过对教学内容的研究，不断地对教学情境进行创设，并对教学的客观环境进行优化。通过这种优化，教师便可以利用语言进行支配，使学生置身于特定的情景中。由此调动起学生学习的兴趣与情绪，在对知识的融合中产生"共情"。

---

[1] 夸美纽斯.大教学论[M].傅任敢，译.北京：教育科学出版社，1999.

第二节 高校思政"金课"中挖掘多种资源

一、高校思政"金课"多种资源的分类

（一）教育显、隐性内容资源

显性资源和隐形资源对于高校的思政教学都有着重要的作用，对高校思政教学有着重要意义。就显性资源的角度来讲，现在的高校基本上都在积极地推进高校课程课堂改革，都认识到只有运用理论与实际相结合的方法才能真正调动起学生的学习热情与积极性，才能真正实现"水课"到"金课"的跨越。当然作为教学主体的教师，更应该做到不断增强理论知识，加强知识储备能力，整合教学资源，使资源为我所以用。就隐形资源而言，强调的是潜移默化的作用，用学生喜闻乐见的形式推动高校思政教学，比如现在各大高校推进的"互联网+"教育模式。高校通过新媒体传播的途径，例如互联网精品课等，使学生在潜移默化中接受教育。两种方式的结合不仅有利于教育资源的整合，还有利于调动学生的积极性主动性，进而激发他们的创造活力。

（二）调动思政"金课"内、外实践资源

随着高校教育的改革，现在高校的教育资源呈现出形式多样、内容详尽、种类众多的态势。实践活动的主体是学生，学生只有在实践的过程中才能真正做到理论与实践相结合，真正将知识转化为自身的能力，因此实践活动的高质量开展至关重要。实践课程的深入开展，可以使学生从原来的学习"死知识、啃课本"的模式下解放出来，有利于知识的学习并成长为新时代的复合型人才。对于开展好第二课堂的实践课程是至关重要的。高校中的学生党团组织与大学生社团也要积极参与到这个过程中，并起到带头作用，要积极开展多种形式的实践活动，为学生提供力所能及的帮助，助力思政课程的推进。

（三）整合高校内、外文化资源

一切与文化活动相关的生产活动和生活活动都统称为社会文化资源。因为涉及生活与生产，故而在方方面面都对人们的思想与精神产生深远持久的影响，整合校内外资源显得尤为重要。校内的文化资源主要体现在校园内的建筑设施、校园环境、舆论阵地、教育活动、校风校规等方面。校外的文化资源更是数不胜数，涵盖面积广。尤其是在大数据时代、在信息时代，我们更要辨别校外的文化资源，

取其精华，去其糟粕。文化不是固态的，校内外文化是一个整体，这就需要我们利用好校内外资源各自的优势，取长补短，整合资源，真正地发挥文化在思政教学中的积极作用，有针对性地满足学生的多样化需求。

二、红色文化资源在高校思政"金课"的挖掘应用

（一）红色资源在高校思政"金课"教学中的应用意义

高校学生是新时期现代化建设的生力军，而红色资源是中国共产党和人民在历史革命变迁过程中形成的具有实践特色、理论特色、时代特色、民族特色的宝贵精神财富和物质遗产，红色资源在高校思政教育中应用具有重要意义。首先，有助于丰富高校思政教育内容，拓宽高校思政教育渠道，思政是高校的一门必修课程，具有立德树人的重要作用，但一直以来，高校思政都存在说教意味太强、死板枯燥的弊端，无法让学生全身心地参与到课程中来。而红色资源内容丰富，具有极强的感染力和渗透力，在高校思政教学中，教师若是能够有效地引入红色资源，一定可以更好地增强思政"金课"程的鲜活性，提升高校思政"金课"教学质量。其次，有助于学生健康成长发展，红色资源是在革命历史阶段形成的宝贵资源，具有极大的引领作用，激励了一代又一代的人，引领中国走向繁荣富强的道路，在高校思政教学中引入红色资源，可以更好地帮助学生加深对党性文化的认识，引领学生知行合一，对学生的健康思想观念塑造是具有重要意义的。

（二）红色资源在高校思政"金课"教学中的应用研究

1.红色资源丰富理论

红色资源具有内容丰富、形象生动的特点，在高校思政"金课"程教学中，融入红色资源能有效地弥补传统思政"金课"内容形式枯燥、单一的问题，这样就可以更好地向大学生传递正能量，为学生思想意识的正确发展提供保障，因此融入红色资源丰富高校思政"金课"理论是一种可行之法，但在这个过程中有以下几个方面需要注意。首先，红色案例选取要具有针对性。恰当的红色资源案例选取，往往可以实现事半功倍的教学效果。如在以"成就出彩人生"为主题的高校思政"金课"程中，教师就可以将感动中国的时代人物这一新时期的红色资源作为教学案例，以此引导学生对"大奉献"与"小奉献"做出辩证思考，从而帮助学生明确自身的历史使命与责任。或者，在学习"农业社会主义改造"这节课程时，教师可以引入"穷棒子社"的红色资源案例，说明农业社会主义改造的重

要性和必要性，为课程教学起到画龙点睛的作用，更好地帮助学生理解思政内容原理。其次，红色资源引入要协同连贯，在高校思政"金课"中，教师引入红色资源，应该将课前、课中、课后有机地联合在一起，这样才能够帮助学生形成完整的认知。如在学习"坚定理想信念"这节课程时，教师可以在课前向学生引入与坚定理想信念有关的系列讲话的红色资源内容，以此在课前让学生对所学内容产生宏观了解。而在课中则可以让学生互相分析革命故事，对如何传承红色基因进行小组合作讨论，帮助学生明确坚定理想信念的重要性。在课后，教师则可以为学生布置阅读红色经典、撰写读后感方面的作业任务，这样将课前、课中、课后连接在一起的红色资源思政教学，可促使高校思政"金课"程教学整体升华，更好地发挥出红色资源在高校思政"金课"中的育人作用。

2. 红色资源文化感染

校园文化对学生的思想、行为、心理有着潜移默化地影响，在引入红色资源的高校思政"金课"中，教师还可以借助红色资源打造优势校园文化，从而借助校园文化对学生进行感染熏陶，具体可以从以下两个方面做起。

首先，应用红色资源，打造校园物质文化教育。高校可以将红色资源作为主题，在院校当中建立伟大历史人物的雕像，以此帮助学生还原历史场景，身临其境地感受"红色文化"的冲击。此外，还可以在校园的教室、走廊悬挂红色文化壁画，如"渡江战役""开国大典"等，通过这些壁画的展示，帮助学生更好地了解各种历史革命事件，增强学生对"红色文化"的理解，从而潜移默化地实现对学生爱国爱党情怀方面的教育作用。

其次，应用红色资源，开展校园精神文化教育。在引入红色资源的高校思政"金课"程中，教师还可以依托红色资源对学生进行丰富的校园精神文化教育，如可以邀请相关专家或者老红军来校区开展红色专题讲座，组织学生开展红色读书月、红色知识竞赛、红色专题演讲等活动，并且还可以利用校园广播等途径，对学生进行红色教育方面的宣传。同时，还可以利用建国、建党周年纪念日，在校内组织开展建党文艺晚会、建国征文比赛等活动。通过各种丰富的红色校园文化活动的开展，更好地帮助学生认识"红色文化"，在丰富的校园精神文化教育下，为思政育人目标落实增添动力。

3. 红色资源实践体验

在应用"红色文化"的高校思政"金课"程教学中，有必要通过实践体验的方式，帮助学生身体力行地感知"红色文化"，感受红色教育的魅力，在这里我们提出以下两种途径。第一，开展实践教学。高校可以借助各种爱国教育示范基地，带领学生进行实践学习。教师可以组织学生参观爱国实践基地、走访革命故居，以此更加深入地感受"红色文化"历史，让学生在亲身游历经验的过程中，加深学生的党性修养，增强学生的民族自豪感和荣誉感，以此更好地帮助学生坚定对党的信心。第二，开展社会实践活动。在高校思政"金课"程教学过程中，考虑到学生日常学习比较繁忙，很难有深入实践体验的机会，而对此就可以充分地利用寒暑假期间，组织学生开展各种以"红色文化"为主题的社会实践活动，如参观红色革命景点、进行红色社会调查等实践活动，有条件的学校可以组织学生开展"重走红军长征路"的红色教育实践活动，在实践活动过程当中，帮助学生了解革命先辈的不易，感受革命长征的艰辛，以此激励培养学生艰苦奋斗的意志，更好地明确党的信念。

4. 红色资源网络教育

随着时代的不断发展，计算机网络广泛普及，而网络的强大作用对于红色教育而言是一种助推，也是一种机遇，高校思政"金课"教学可以充分利用网络作用，通过红色资源网络教育，实现更好的育人效果，具体可以从以下几个方面出发：第一，构建地域特色的红色网站。近些年互联网技术的迅速发展，越来越多的高校建立了专属于自身的特色网站，如北京大学建立的"红旗在线"校园网站，广泛地争取了学生的意见，将与红色文化有关的图书、影视构建了不同的板块，为学生了解"红色文化"提供了便利的渠道，实现了良好的育人效果。而这就是国内其他高校可以借鉴学习的经验，各地高校可以立足于当地实际，从当地具有"红色气息"的代表人物、风土人情、红色景观出发，构建地域特色的红色网站，以此增强对"红色文化"的认识理解。第二，构建红色网络论坛。论坛是在网络时代背景下所衍生的一种交流互动方式，而在高校开展"红色文化"的思政"金课"教育中，就可以专门组建红色论坛，就文化有关的热点问题在论坛当中在线讨论，高校的思政教师要积极参与其中，利用课余时间与学生在论坛之中就某一个问题进行在线交流，这种平等、公开、透明讨论方式，不仅可以更好地帮助学生构建思辨意识，也可以在教师与学生的交流和答疑解惑中，帮助学生树立正确的"三观"，引领学生坚定党的意识，更好地规避不良社会风气的影响。第三，开展红色网络活动。融入红色资源在高校思政教学中，学校还可以依托于网络作用，带领学生组织、开展各种红色网络活动。如可以借助网络带领学生开展阅读红色小说、观看红色影视的网络活动，同时，还可以借助网络，让学生共同去分享讲述红色故事，每人发一条有关爱国、爱党的红色宣言等。这些丰富多样的红色网络活动，不仅可以调动学生学习积极性，同时还可以在潜移默化的过程中使学生深受"红色文化"感染熏陶,从而更好地扎实红色教育,在具备时代感的红色资源教育下,更好地实现"红色文化"的教育性。

三、疫情背景下的思政资源助力高校思政"金课"育人内容创新

充分利用"新冠肺炎"疫情防控这一特殊时期、特殊情境,积极开展大学生思想政治教育,既是做好疫情防控工作的客观需要,也是提升大学生思想政治教育针对性和亲和力的有利契机。如何通过丰富多彩的活动形式,将疫情背景下的思政资源有效用于高校育人,使中国共产党领导下众志成城共战疫情的壮丽凯歌,变成生动鲜活的爱党和爱国主义教育实践教材,不仅考验着思政工作者的教育智慧,也检视着高校育人的专业水准。

(一)组织选题讨论

"讨论"的字面意思,是许多人就某一件事情站在不同角度、立场,或用不同的方法,来表明自己的见解,以求形成一个相互认可的共识。一般地,人们大多习惯于通过讨论来得出结论,但我们也可以尝试通过对已知结论的倒推与假设,来证明结论的正确与科学。譬如说,在此次"新冠肺炎"疫情的防控中,"封城封路""居家隔离"普遍被认为是疫情得到有效控制的科学决策,也是体现党和政府一流治理能力的一个重要方面。但在政策执行初始,也有许多人不以为然或不予配合,生出了许多曲折。现在我们已经知道了此项政策的科学性与必要性,为了加强对这一政策的理解,我们可以将此作为一个选题组织一次讨论:如果我们没有强制隔离,如果武汉没有及时封城,如果我们的政策在执行过程中打了折扣,那会是什么样的结果?类似的选题,在疫情防控中还有许多,可以选作大学生思政教育的素材。

(二)开展话题辩论

辩论,是大学生比较喜欢的一种交流和学习方式。通过辩论,可让事理越辩越明,让认识越辩越深。辩论既能培养人的思维能力,又能提高人的认识水平。辩论双方各执一种观点,竭尽全力、引经据典、想方设法保全自己的立场,让自己的观点颠覆对方的观点。比如,在处理"封城"的问题上,对待特殊人员应否网开一面,阻断疫情与保障生活的尺度如何把握;特殊救急时期,研发与使用治疗用药和疫苗,能不能适当缩短临床试用期;疫期短缺资源的哄抬物价与保障供给,利弊如何看待;适时发布疫情与及时发表研究论文孰轻孰重;等等。由于此

类话题较多，可以由教师指定辩题，也可以让学生自己选题辩论。

（三）举办主题演讲

与话题辩论相比，辩论更看重双方的针锋相对、刀来剑挡，强调及时反应与"对症下药"、有的放矢。而演讲则由单人完成，更强调围绕主题、靶向中心，通过严谨的推导、严密的论证和丰沛的情感渗入，让受众认同其观点，受到其感染，进而提升思想境界、统一思想认识，达到遏恶扬善、弘扬正气的目的。疫情防治过程中的此类主题非常丰富，如"致敬逆行的勇士""礼赞忠于职守的平凡""历史将记住你的卑微""抗疫没有国界""山川异域日月同天""岁月静好，因为有你负重前行""疫情当下，谁是最可'恶'的人""重塑人类命运共同体"等。学校可以围绕某一个（或多个）主题，集中组织系列演讲，或以集中展示的形式扩大宣传效应，或以比赛的形式来调动学生的热情。活动结束，可以辑集成册，或以图文并茂的新媒体形式进行广泛推送，进一步扩大主题教育的影响。

（四）部署课题研究

在抗疫的过程中，我们遇到过许多困难，经历了许多曲折，甚至有许多问题至今仍未得到彻底解决。课题研究正是基于"问题"所开展的一种系统性很强、目的性非常明确的探索。我们深入开展相关课题研究，一方面，可以组织高校特有的人才资源，助力对未知领域的探究，增强爱国主义情操；另一方面，也可以通过梳理疫情防治过程中的失误，总结经验教训，为完善国家治理体系，特别是疾病预防控制体系现代化建设做出贡献；同时，还可以通过对这一阶段的反思，引导当代大学生对于"经济全球化""人类命运共同体""人与自然和谐相处""公共道德建设""爱国主义""生存与生命教育""在线教育创新""社区管理智能化"等课题的研究兴趣，培养其成为有理想、有责任、有担当、有道德的时代青年。

（五）策划专题讲座

疫情期间信息复杂多变，部分社会个体只能接收碎片化、局部化甚至片面化信息，不能看到全貌、洞察全局，加之受到社会阅历和认知水平的局限，大学生对整个疫情防控期间的认识，乃至由此对社会、对治理、对经济、对国际形势的认识，都存在很大的局限性，迫切需要有人总结梳理、指点迷津。学校可以邀请经验丰富的专家学者到校举办专题讲座，比如，国家抗击"新冠肺炎"疫情的战略决策，坚持抗疫与复工复产两不误的科学决策，抗疫期间国家统筹应对国际干扰的策略，等等，让学生开阔视野、拓展思维、增长见识、凝聚共识。在与讲座专家的互动过程中，学生通过发表不同见解，可以在辨析中加深认识。

四、高校思政"金课"资源的整合路径分析

（一）高校思政"金课"资源整合存在的问题

1. 思政资源配置出现失衡

我国幅员辽阔，地域之间因政治经济等原因存在不同程度的差别，这个情况也使得各地区的教育出现不同程度的差距。比如师资力量的不均衡、教育投入的失衡。经济基础决定上层建筑，各高校的经济实力不同必然会造成高校教育的差异，经济实力最直接的就是财政的支持，经济实力强的高校可以引进优秀的师资力量，建设校园环境，整合教育资源，走在教育的前沿阵地；经济实力弱的高校对优秀教师没有吸引力，无法加大教育的资金投入，必然影响教学的推进。因此，发达地区的思政资源相对丰富，落后地区的教育资源相对薄弱，形成了恶性循环。

2. 思政资源整合敷衍忽视

2016年12月习近平总书记在全国高校思想政治工作会议上强调，"我们高等教育发展方向要同我国发展的现实目标和未来方向紧密联系在一起。[①]"虽然已经明确了政治工作的重要性，但是作为高校教学任务的主要担任者，每个人的认识却是不同的，首先，体现在部分教师缺乏综合性，依旧秉持传统观念，认为教育工作应该全部在课堂进行教学；其次，部分教师缺乏主动性。有些教师经验不足，缺乏资源开发的能力和创新意识，也因为缺乏整合意识，导致现阶段对思政资源的忽视；最后，是缺乏系统性，部分高校出现了资金匮乏的情况，有的高校资金后续没有跟进，总之无法继续资源整合工作。

3. 思政资源利用不够充分

高校思政工作一直是高校中重要一环，高校不断加大对思政工作的投入力度。但这个过程中出现了一些问题：第一，部分高校教授忽视思政课程，思想意识不够，仅仅按照之前的教学模式教学，不愿意进行创新和思政资源的整合，这也造成高校思政资源的浪费，思政工作不能顺利进行，原有的教学目标无法实现。第二，一些高校没有设置合理的教学目标使得教学过于轻松，没有达到预期的效果，学生和教师因太轻松故而出现资源浪费。第三，考核机制不完善，高校在推进的过程中也缺乏相应的监督机制，导致思政资源的浪费。

---

① 习近平在全国高校思想政治工作会议上强调：把思想政治工作贯穿教育教学全过程 开创我国高等教育事业发展新局面 [N]. 人民日报，2019-12-09.

4.思政资源开发不够深入

思政资源只有运用到思政课堂才能发挥最大效用,思政资源不仅丰富了思政课堂而且使得资源利用率大幅提高。这就需要教师积极主动地去研究开发与课程相关的思政资源,也需要高校在思政整合中完善相应机制来保证教师的创新整合。但现实中很多教师缺乏积极主动性,高校也没有做好保障机制,就造成了资源整合开发不深入,没有形成合力的局面。校内外资源的整合与开发决定着思政课程的高质量发展,只有开发调动资源才能实现思政课程资源的整合。

(二)高校思政"金课"资源整合方向路径

1.重视思政环境,营造育人氛围

思政教育需要以环境为依托来进行思政教育工作。资源的整合需要环境的支持,因此我们需要塑造良好的思政环境,其一,要做到制度上的健全,制定相应的制度与方法,出台相应的政策,在顶层设计方面把握好方向,促进资源的整合与利用。其二,加强资源的流动,跨区、跨学校实现资源的共享与利用,形成地区的优势互补,促进各高校思政的交流与合作,取长补短,整合资源。其三,高校内部需要统筹资源,分工明确,避免思政资源的浪费,共同营造育人氛围。其四,加强监督机制,加强对资源合理利用的评估工作。

2.夯实校本特色,提高育人效果

高校的思政教育教学在资源整合上不仅要做到自主探索与研究,还应该做到创新与因地制宜,开发整合符合本校特色的思政资源。首先,发挥教师在教育工作中的主体地位,配合学校完成各个阶段的思政育人目标,在这个过程中发挥积极地主导作用。其次,高校应该明确"命运共同体"的目标,发挥育人机制,对思政资源整合的环节、任务等有明确地认识与规划,做到稳步推进。最后,创新教学形式,新形势下要改革教育教学模式,利用网络不断丰富拓展教育资源,实现全方位立体化思政育人模式。

3.加强载体联动,拓宽育人阵地

教学形式的不断变化给思政教学注入了新活力。传统的思政课堂教学不仅可以使得学生可以直观接受教育,而且还能使学生更加投入,身临其境,不断加深对课程的认识与理解,达到育人与知识教学的目的。现在的新兴媒体比如QQ、微信等不仅可以丰富思政资源,而且是学生所喜闻乐见的教育形式,可以调动学生学习的积极性和主动性,进而达到很好的教学效果。新兴媒体也可以使教师更高效地完成教学任务,而且有时间去改进教学,创新思政资源整合。

4. 优化人才结构，提升教学水平

教师作为育人主体，对教育的质量至关重要。思想影响行为，教师会按照自己所受的教育和思想去教育学生，这就需要高校在建设教师队伍的时候要认真辨别与考查。一是不断优化教师结构，完善教师体系。二是教师在教育教学过程中也要不断加强对教师的考核，使教师的课堂成为优质有丰富内容、受学生喜爱的课堂，不断加强对教师的责任意识的培养，发挥教师在学校隐形教学中的积极作用，在学风建设、校园建设中发挥教师独有的优势。三是在教学中要对所教授的知识进行拓展与整合，不断丰富课堂内容，利用新媒体吸引学生，提升教学水平，鼓励学生参与社会实践，为学生提供丰富多彩的实践活动，提升教育教学水平。

（三）高校思政"金课"资源整合路径选择

1. 整合联络路径，实现协同育人

对于思想政治工作的顺利推进，全员参与是根本要求。一是全员育人意味着不仅是在校的教育工作者，而且家庭成员、社会各界也应该承担起育人职责。二是全员育人也要求在全过程中育人，即教育贯穿思政教育的始终，贯穿学生成长的全过程。三是教育者需要借助各种传统的新兴的载体，将现有资源进行系统整合，从不同的方面、角度对受教育者进行立体化全方位教育，创新教育模式，将思政教育引进职业规划中，使各个育人环节顺利推进。四是需要对校内外的思政资源、社会各界的教育资源进行整合，实现思政资源的系统化。因此，要完成这项庞大繁杂的工作就需要设置专门的部门进行管理，起到联络作用，因为这项工作涉及很广、内容繁杂、工作艰巨，专门的职能部门可以推进思政资源的整合体系的建设。

2. 整合组织路径，强化政治引领

习近平总书记指出："思想教育，要把坚持正确导向摆在首位，始终绷紧导向这根弦"。[①] 这就需要党团组织充分发挥带头引领作用，党团组织在高校思政工作中有着无与伦比的重要作用，是落实思政工作，推进思政建设的关键部门，在工作中党团组织可以团结引领青年，起到重要的动员作用。因此需要做到以下方面：一是充分调动学生的积极性，通过举办研讨会等形式让学生参与思政工作，充分发挥党团组织的政治引领作用和先锋模范作用，不断加强与学生间的沟通，随时了解动态，整合思政资源；二是加强党团组织、学生组织之间的联系，加强思政

---

① 中共中央文献研究室.习近平关于社会主义文化建设论述摘编[M].北京：中央文献出版社，2017.

工作的联动，保证思政工作的顺利开展；三是要营造良好的育人环境，充分发挥育人的优势作用，开展一系列与之相关的社会实践活动，在实际中育人；四是严格考核考评机制，要明确团规团纪、党规党纪，明确职责与任务，同时推优入党的机制也要保证公平公正。

3. 整合实践路径，推进第二课堂

众所周知在传统的教育模式中，高校的思政课程教学基本上都是"第一课堂"授课，教师讲、学生听，学生处于被动接受知识的一方。现在思政"金课"的改革，要求我们进行教育模式改革，要以实践为载体开展"第二课堂"，使学生将理论与实践相结合，增强学生的主体性，开拓思政教学范围，使学生具有创新思维，在实践中调动学生的积极性、主动性，使学生不断完善自己的知识体系和道德世界。"第二课堂"的开展，高校思政也可以积极改进教学形式，使思政教学更加灵活多变，具有开放性与创新性，整合思政资源，充分利用思政资源。以实践为基础的"第二课堂"是理论课堂的补充与完善，在双重课堂作用下的学生可以将知识内化于心，外化于行。

4. 整合群众路径，完善评价机制

习近平总书记曾经指出："为了人民而改革，改革才有意义。"[①] 因此，高校的思政改革必须立足于学生，要以学生为主，不断帮助学生解决实际困难，不断关注学生的学习和生活，助力学生成长成才。学生问题是需要进行反馈的，反馈与评价是相辅相成的，因此高校必须建立完善的评价体系，收集学生的反馈，从而有针对性地及时解决问题，提高学生对学校的信任。在这个过程中，还能了解思政工作中的不足，不断改进工作，保证后续工作的顺利开展。如高校可以主动出击，发挥党团组织的作用，深入学生群体，发现查找问题，也可以鼓励学生提意见反映问题。只有加强与学生之间的联系，完善评价机制，整合群众路径，才能真正地推进思政改革。

5. 整合网络路径，拓展教育资源

当今时代是互联网的时代，大数据的到来颠覆了人们生活与生活的方式。作为前沿阵地的高校更应该顺应时代发展的潮流，利用好互联网的优势，整合网络路径。正如习近平总书记指出的，"谁掌握了互联网，谁就把握了时代主动权。"[②] 整合网络路径、拓展教育资源就需要高校在思政教育中利用网络，改革教学形式，

---

① 中共中央党史和文献研究院，中央"不忘初心、牢记使命"主题教育领导小组办公室. 习近平关于"不忘初心、牢记使命"论述摘编[M]. 北京：中央文献出版社，2019.
② 中共中央宣传部. 习近平新时代中国特色社会主义思想学习纲要[M]. 北京：人民出版社，2019.

引入学生喜闻乐见的教育方式，搭建校内外资源教育交流平台，拓展学生的学习资源，使思政课堂焕发活力，使学生充满动力。在思政教学中，可以利用新兴媒体比如微信、QQ等来调动学生的积极性，改变传统的教学模式，使课堂更加生动有趣。"互联网+"不仅可以拓展教育资源，还使思政教学更具有直观性、观赏性。

第三节　高校思政"金课"育人体系的建设

一、高校思政"金课"育人体系构建思路

当今世界，各国的竞争就是人才的竞争，发展是第一要务，人才成为第一资源，而创新是第一动力。党和国家迫切需要培养一批德才兼备、具有创新能力的高素质人才，要坚定理想信念，站稳人民立场。我国需要的创新型人才不仅要有坚定的理想信念，站在人民的立场上，还要有过硬的本领和创新能力，不断吸取知识，不断进步与推陈出新。在这样的形势下，就需要积极探索创新型人才的培养机制与教育改革机制，促进人才的培养，建设创新型国家，进而实现伟大的"中国梦"。

（一）充分发挥思想政治教育在培养创新人才中的重要作用

思政教育在人才培养的过程中发挥着重要的指引作用，决定着人才培养的方向性质与质量，培养创新型人才要从根本上确保创新型人才具有坚定的理想信念和政治立场。要实现中华民族的伟大复兴，要实现"两个一百年"的奋斗目标，要实现"中国梦"，就需要在人才培养中，引导人才成为德、智、体、美、劳全面发展的社会主义建设者和接班人，担负起民族复兴的重任。面对新形势，高校作为育人主要阵地需要培养具有创新思维、敢于挑战、敢于竞争的高质量创新型人才。

一是要紧紧抓住政治的大方向不动摇，要坚持政治建设的统领地位。我们要以党的十九大精神为指导，不断增强"四个意识"，坚定中国特色社会主义道路自信、政治自信、理论自信、文化自信，高校要积极落实全国教育大会、全国思政工作会议等会议精神，及时更新思想动态，担负起培养创新型人才、塑造新时代高质量人才的重任。

二是要坚持理想信念教育,要把坚持中国道路的自信与扎根中国大地建设世界一流研究型大学的自信有机结合起来。培养并保持永远昂扬的爱国主义精神,树立并保持永不止步的进取意识和开创精神,激发并保持永不满足的求知欲和创造欲。抓好教师和学生两个群体,在师生中大力弘扬爱国奋斗精神,在新时代建功立业。

三是要高校要积极培育和践行社会主义核心价值观。高校要在各个环节落实好社会主义核心价值观,深入开展价值观教育就需要将价值观教育融入学生的日常生活、融入课堂中,通过理论学习、实践教学使学生真正地将社会主义核心价值观内化于心,外化于行。不断增强学生全体的国家意识、法律意识、增强社会责任感,加强社会公德、职业道德、家庭美德、个人品德的学习。

新时代高校思政育人体系要引领创新型人才培养方向,培育师生爱党、爱国、爱家、爱校的情怀,做到价值取向与党和国家同心、育人导向与政治方向同向、行动卓越与思想卓越同行、学术魅力与人格魅力同在、科研竞争力与文化软实力同步。

(二)构建创新人才思政育人体系要找准突破口和着力点

高校的思政工作是一个繁杂且系统的工程,需要各方进行系统的研究与推进。在现阶段新形势下的思政工作更应该树立牢固的立德树人使命,不断构建育人体系与"三大层面"机制,针对"谁来抓、抓什么、怎么抓"找到突破口,根据教育发展规律与人才培养规律,对人才进行系统化、全面化、针对性地培养。"三大层面"机制指的是以下三个方面。一是主渠道层面。这个层面主要指的是理论层面的学习,以思政理论课为主,目的在于让学生进行系统化、理论化的学习,有一个知识体系与架构。二是支撑层面。这个层面指的是包含实践活动课程、"课程思政"与特色思政在内的课堂体系,充分发挥实践在育人方面的重要作用。三是协同层面。这个层面主要是在校园内形成育人氛围,包含校内主题活动,满足学生的成长成才需要,在潜移默化中提升综合能力,促进全面发展。

高校在育人的过程中需要牢牢把握好课堂这个教学的主渠道,利用好传统教育模式的优势,不断推进思政理论的亲和力与针对性,满足不同学生、不同阶段的成长需求,在不断改进中进步,在进步中发展并完善。首先,要坚持思政理论课程的系统化建设与创新。思想政治理论课作为人才培养品质的课程,立德树人是根本,充分发挥在育人方面的优势作用,作为思想育人的主阵地,必须把握好育人的方向。其次,加强思政教师体系建设,教师作为育人主体,发挥着重要的引领作用，高校要积极调动教师的热情与积极性，自觉主动地推进高校思政建设，使教师具有政治强、情怀深、思维新颖、视野宽广、人格完善、自律自觉的能力品质。教师队伍体系的建设不是一蹴而就的，是一项系统性长期性的工程，这就需要各方积极配合、不断合作，形成协同联动的长效育人体系建设机制。

思政教育不仅仅体现在思政课程中还体现在其他各类课程中，思政课程需要与其他课程形成协同效应，将"第一课堂"与"第二课堂"相结合，不断提升思政的针对性与亲和力。这需要做到：第一，将育人与思政相结合，将其他课程与思政相结合，在其他课程中找寻思政元素，使学生在潜移默化中得到思政教育，比如引入案例教学，激发学生兴趣。与此同时增加育人元素，形成多渠道、多载体、多形式的课程思政，做到在潜移默化中完成育人任务，达到协同育人。例如：医学类课程可以在授课中通过疫情下医护人员的各类事迹，培养医学生救死扶伤、甘于奉献的精神。在专业课程中，通过一个个鲜活的事例，向学生传达精益求精的精神和报效国家的情怀。第二，实践课程的建设，高校应该积极开展各项各类的实践活动，积极锻炼学生的实践能力，将理论与实践相结合。比如，寒暑假的社会实践活动、各种爱国主题活动、红色革命主题活动。第三，加强特色的思政课程建设，比如针对本校的一些"第一课"、院长课程、校长课程。

营造"大思政"格局，培养学生的综合素养。全国教育大会强调，要努力构建德、智、体、美、劳全面培养的教育体系，形成更高水平的人才培养体系。要培养学生的综合素养，突出"强国修身"主题教育实践，通过营造校园文化氛围，实现活动育人、文化育人、环境育人，使之成为全校"大思政"格局的有机组成部分，成为思政课程和实践课程之外，铸魂育人的重要组成部分，以及创新人才能力升华的重要途径。培养学生的综合素养包括文明素质、知识素质、能力素质等。文明素质，包括家国情怀、价值观、道德观、法治意识、生活行为准则、人际交往修养等；知识素质，即现代人应有的基本的通识知识结构，包括基本的数理知识、历史、哲学、语言、文学知识和艺术修养等；能力素质，包括笔头和口头表达能力、成熟的是非和问题判断能力、做事情的组织和实践能力、解决问题的创意创新能力、保持强健体质和健康心理的能力。

创新型人才需要有严谨的科学精神和态度，要有敢于探索的精神和较高的综合素质。这就需要在人才培养中凸显科研育人的重要意义。在科研中培养学生的创新能力，不仅可以培养学生严谨的科学态度，调动学生的学习热情与积极性、主动性，而且还有利于高校培养全方位人才，实现立德树人的根本要求。在科研育人过程中，学生间具有良好的互动，可以吸引更多志同道合的人参与进来，形成专业科研优势；科研育人使学生在实践中锻炼了动手能力、专业能力，激发了学生的创造性，在实践中碰撞出创新的火花；科研育人使学生在团队中直接感受甘于奉献、敢于创新、不畏艰险、百折不挠的精神，在潜移默化中内化于心，外化于行，真正成为受人民尊敬，受国家器重，有理想、有道德、有文化、有纪律的新青年，成为国之栋梁，为中华民族伟大复兴做出贡献；科研育人使高校将科研优势与育人优势相结合，充分发挥科研育人的长效机制，实现全方位、立体化、直观性育人。

不断完善协同育人机制体制，搭建协同育人平台。在尊重人才发展规律、教学规律的基础上，不断贯彻落实教育方针、政策，坚持"第一课堂"与"第二课堂"相结合，深化理论与实践相结合体系，不断加强思政课程与"课程思政"建设，引导主渠道与其他渠道相结合，真正将思政贯穿正规教育教学体系的全过程，形成教书育人、实践育人、科研育人、文化育人、管理育人、环境育人、组织育人、服务育人的长效立体化育人机制。在校党委领导下，形成各级党团委为核心，学生会及各学生组织为辅的组织体系，全方面地对学生的思想进行引领，引导学生紧跟党的步伐、时代的步伐，使之成为新时代中国特色社会主义建设者和接班人。

（三）落实立德树人根本任务，从整体打造新型育人体系

高校思政"金课"育人体系的建设要落实立德树人根本任务，就需要从整体上规划、打造新型育人体系。高校要把党的方针政策落实到高校思政教育的各个环节，充分发挥校党委团委在思政工作上的引导带头作用，要坚持党委领导下的校长负责制，坚持党委的统一领导核心地位，建立健全党政分工、协调合作的工作体制机制。积极探索打造党管办学方向、党管意识形态、党管干部人才、党管改革发展的模式体系，打造多方协同、全方位、全过程、全人员的立体化、全面化育人格局。

思政课程的改革是高校进行创新型人才培养的重要一环，高校要积极利用好课堂教学的主渠道，在"互联网+"时代，紧跟时代潮流，搭建数字化平台，积极运用好"慕课""微课"等优秀教学资源，不断结合本校特色、专业优势打造精品课程。高校还需要明确以学生为本的教育理念，积极探索新的教学模式，引入学生喜闻乐见的形式，不断加强理论走入学生内心，让学生感受到理论的系统美、真理的价值美，切实感受到个人与国家、社会的发展息息相关。

实践课程的建设，特色思政课程的开展，"课程思政"的探索，都可以实现育人工作。随着课程的不断开展，学生在实践中、在日常学习中都可以接受思政

育人教育，比如在深圳特区成立 40 周年时，结合"改革创新与先行示范"等特色思政课，就改革开放、文化自信、科技创新等专题，邀请专家学者进行学生报告，鼓励在校大学生树立创新意识，鼓励学生勇攀高峰，为实现中华民族的伟大复兴不断努力。

高校可以通过开展一系列的校园主题活动不断培养学生的综合素质，通过一系列的主题活动，比如"爱国守法""崇礼尚美"等实践活动，在实践活动中形成高校育人氛围，培养可以担负起民族复兴的新时代中国特色社会主义建设者和接班人。

环境可以影响人，可以在潜移默化中实现育人。因此，高校可以在高校校园内营造校园文化氛围，作为辅助育人手段。高校要不断深入挖掘与开发思政在其他各类课程中的元素，将思政融入学生学习的全课程、全方面；高校要引导教师打造一系列的精品课程、重点课程，注重培养学生能力与知识学习相结合的教学体系；高校也需要为学生提供良好的平台与机会，在教师的带领下，在高校的推动下，引导学生积极主动投入创新实践中，接触最新、最前沿的理论成果和科技成果，在参与实践的过程中，学生可以不断学到新的知识，学习前辈的工匠精神、不屈不挠的精神，在与其他人的合作学习中，不断提高自己的解决问题能力、创新能力。价值引领是高校育人的首要条件，要在育人过程中使学生成长为具有家国情怀，具有人文精神、创新精神，具有高尚情操的新时代青年。

当今时代是不断变化的时代，高校思政育人也是不断发展变化的、一个动态的发展过程。通过网络课程与传统课程相结合、专业课与通识课相结合、社会实践与理论学习相结合，不断加强思政理论课程的系统化、理论化、思想性、亲和力、针对性，形成完整的立体化、现代化大思政教育体系，为培养全面发展的社会主义建设者和接班人做贡献。

二、高校思政"金课""三全育人"的建设框架

高校思政教育在顺应国家教育发展总体趋势的前提下，致力于为国家发展输送全面、复合型的人才，促进"三全育人"体系的建立和完善，实现学生的全面发展。在这个背景下，进行"三全育人"教学体系的构建，能够使高校学生在思想政治教育中的管理更加科学化，目标更加明确，能够做到将思政工作落到实处，真正地为学生服务，不断地提高学生的自我素质。

（一）"三全育人"体系的组成

1. 人员

"三全育人"体系的建立，打破以往人们认为的思政教育就只是学校教师以及辅导员等学工队伍的工作范围的思想框架，而是发动高校全体教师对学生进行随时随地的思政教育。这就从人员方面保证了"三全育人"体系的应用和实施。

2. 时间

思政教育是一项任重道远的历史性工作。它是贯穿于高校学生整个学习、生活和成长过程的长远性教育。学生的思想教育要做在实处，而不是为了应付交差。"三全育人"中提出的全过程育人强调的教学理念，就是让学生从入学到毕业都能持续地接受思政教育。

3. 范围

"三全育人"中提出的全方位育人，就是以学生的全面发展为着力点。高校的教育不仅包括学生在学习上知识的提高和专业技能的掌握程度，更应该包括思想政治和思想觉悟的提高。因此，从学生的全面发展出发，在不同的时间地点对学生进行思政教育，是提高学生综合素质和思想素养的有效途径。

（二）"三全育人"概念的提出对高校思政教育的意义

随着社会经济的高速发展，"金钱社会"给学生的价值观带来了严峻的挑战。如何能在这个物欲横流的社会保持足够的清醒，始终坚持正确的"三观"，是学生和学校共同面临的思想政治教育问题之一。中共中央、国务院《关于进一步加强和改进大学生思想政治教育的意见》中就提出了要在党政机关领导的统一指挥下，党、政府和人民群众通过共同努力，合力对当代大学生进行思想教育工作。这就为高校开展"三全育人"工作提供了政策指引。"三全育人"中的全程育人，实际上是把学生接受思政教育的时间和空间扩大化，让学生无论在何时何地都能接受思政教育；而全员育人又从施教人员的范围上保证了思政工作的实施。全员育人要求上到校长、教师，下到普通工作人员、后勤职工，都要参与到学生的思政工作中去。例如，很多高校学生在食堂吃饭经常会有浪费粮食的情况出现，这时教师并不知情，而食堂工作人员就可以对学生进行思想教育，让学生知道一菜一饭来之不易，它凝聚了农民的辛勤汗水，教育他们养成勤俭节约的好习惯。全方位育人指的是：第一，思政教育工作要涉及学生生活和学校工作的各个方面，通过全面的教育促进学生健康成长；第二，促进高校学生德智素质和学习技能的全方位发展，坚持以学生为本，充分结合学生自身特点和成长的需求进行德育教育。

（三）高校学生思想政治工作必须坚持以学生为本

首先，高校思政工作的最终目的就是树人、育人，培养德智兼备的全面性人才。而以学生为本的"三全育人"体系的建立，正是高校思政工作的必然选择。

其次，建立以学生为本的"三全育人"体系可以综合各方面教育资源，通过家、校、社会各方力量共同育人；通过社会全员、全方位的通力合作，学生的整体素质会得到有效的保证。

（3）建立以学生为本的"三全育人"体系是提高高校学生思想政治觉悟及各方面能力的重要途径。"三全育人"的思想教育方式，是对高校学生思想教育最有效的方式。当前社会复杂，学生价值观和思想行为不稳定，易受外部因素影响的情况，"三全育人"体系的建立能够更有效地解决这种情况，提高他们的思想觉悟和社会交际能力及社会适应能力。

（四）"三全育人"模式构建框架

1. 责任到人，落实全员育人

"全员育人"的全员包括了校长、教师、行政管理人员，以及后勤人员在内的所有学校工作人员。它要求所有教职员工都要提高德育意识，从提高自身德育素质做起，做好模范作用，不断地投身到学生的德育教育中来。因此，这里提出的全员教育不仅是对学生的要求，也是对学校全体人员的素质提高提出的要求。

（1）要进行详细的岗位划分，责任明确到个人

在全员整体参加思政教育的前提下，各部门要分工合作，各自坚守自己的岗位职责，进行科学的规划，将责任落实到个人。例如，人事部门要加强师资队伍的管理，为高校谋求高质量的教师资源，为学校的思政教育提供师资保证；教务部门要科学合理分配师资比例，定期培训，适当奖励，不断提升教师综合素质；学工部要统筹学生、辅导员和专业教师的关系，关注学生生活和学习的实时动态，了解学生的需求等。

（2）培养辅导员德育教育素质

辅导员是德育教育和思政工作实施的主体。辅导员在学生思政工作中起着引导和监督的作用。各高校实行班主任责任制，动员所有教师投入学生思政教育的工作中，关心学生的成长，解决学生在生活和学习中遇到的实际困难，充分发挥对学生的指导作用，促进学生的不断成长。

2. 扩大范围，推动"全方位育人"

（1）建立家、校、社会"三位一体"的合作模式

发挥学校的主导作用，通过与社会各界的交流与合作，为学生提供更广阔的舞台，这样既能促进社会的和谐、有序发展，还能实现学生的全方位发展，大大提高高校学生的综合素质。家校合作的模式，可以使家长和学校增加互相交流的机会，充分地了解学生在校内和校外的生活和学习情况，通过家校的共同努力，为学生提供帮助，为其提供更好的成长环境。

（2）学校各部门之间的合作

比如，学工部和教务处可以就学生学习情况，共同制定《课堂行为规范》，并将其分别落实到学生和教师，加强对课堂工作的管理。也可以不定期地对课堂情况进行抽查，做好监督工作。对于学生晚上时间比较充足、自学情况比较混乱的情况，除实施晚自习制度外，还可进行集体学习辅导，帮助学生养成良好的学习习惯，提高自律能力，学会掌控和合理分配时间。

3. 扩大范围，实施"全过程育人"

第一，思政工作在时间上的开展范围是从学生入学到毕业的整个过程。通过时间上的延伸，能让学生在学校学习的各个时间段接受思想的教育。这种时间上的延续，不只是在学校，在假期中学校也要通过学校内部网站，以及家长对学生思想的反馈进行远程教育，还可以鼓励学生参加社会实践。通过学校有计划、有组织的一些实践活动，学生能够从中得到切身的体会，使思想政治工作应用于实践，实践又能促进学生思想素质的进步。

第二，在推行"三全育人"方针的过程中要充分考虑学生本身的情况和素质教育的接受情况，进而设计思政教育各个阶段的计划。学生的成长有一定的规律可循，他们在成长的各个阶段有不同的诉求，因此，通过各个时期设计不同的教育环节来进行循序渐进的教育，能够更有效地帮助学生适应社会的发展，更快地树立正确的人生观。尤其是在毕业前一年，学生告别了最初入学时的羞涩，变得越来越成熟，同时也面临着就业的压力，在这个时段，学校应当不断地培养学生的实践创新能力，并且为他们提供更多的实践机会和就业指导，解决他们在这个阶段的需求。

（五）构建"三全育人"体系的保障措施

1. 强化领导作用

在学校领导的带动作用和校长责任制的实行下，学校各个部门分工合作，为

"三全育人"体系的开展提供重要组织保障。

2. 强化思政教育队伍

首先,"三全育人"的实施主体仍然是教师,因此组建一个高质量、高素质的教师队伍势在必行;其次,要加强对辅助力量的培训和教育,提高育人全员的整体素质;再次,就是建立健全学生会管理队伍,让一些思想品德素质比较高的学生发挥带动作用;最后,建立校外辅助队伍,加强各方面的通力合作,共同推行素质教育的全面发展。

三、高校思政"金课"全方位育人体系的建设分析

(一)"全方位育人"概念辨析

"全方位育人"是就其狭义而言,是与主体性全员育人、时间性全程育人相对来说的,单纯的空间意义上的育人模式,单方面指代育人载体、育人手段的运用。它与全员育人、全程育人各有侧重,但互为依托、互促互进,三者共同构成了共生共荣的育人体系。

高校思政"金课"全方位育人体系中的"全方位育人"则是就其广义而言,是对育人目标、育人主体、育人过程、育人手段及育人空间的整体统摄和宏观把握,要求高校不仅要将思想政治教育渗透、参与、影响立德树人的各个方面"育全人",还要调动一切能够为思想政治教育工作发力的积极因素"全育人"。高校思政"金课"全方位育人体系具体是指在党的领导下,全体教职工与大学生双主体的共同努力中,以立德树人为中心,将思想政治教育贯穿渗透在教育教学全过程、学生成长成才全过程,利用课上课下、线上线下育人空间,体现高校思政育人工作在时间上的全过程性、空间上的全方位性和内容上的全覆盖性,充分发挥高校思政整体性功能的有机工程,是聚"点"成"面"、引"线"转"体"的全面表述,是价值性、协同性、系统性的内在统一。

(二)高校思政"金课"全方位育人体系的发展

高校思想政治教育的内在属性就是"育人"。在国家层面首次明确全方位育人是在 1995 年的《中国普通高等学校德育大纲》中,这个文件明确提出了要坚持整体性的原则,形成全员育人意识,构建全方位育人格局,完善社会主义高校德育体系建设,增强育人合力,提升德育整体水平。

继而,在 2004 年中共中央、国务院印发《关于进一步加强和改进大学生思

想政治教育的意见》(简称 16 号文件)，其明确指出加强和改进大学生思想政治教育对于全面实施科教兴国和人才强国战略的重要意义，全面提升大学生思想道德修养对于我国实现中华民族伟大复兴、建设社会主义强国的深远影响。16 号文件在新时代要求下，在社会发展与高校思政工作存在不适应情况，高校思政存在薄弱环节的情况下提出了高校思政教育工作发展的基本原则与有效提升路径，强调了各项育人资源在高校思想政治教育工作中的重要地位和作用，从指导思想、课堂教学、实践领域、文化熏陶、网络思政、心理教育、党团建设等方面为全方位育人的构建提供了进一步的阐释与支持。[1]

2016 年 12 月，习近平总书记在全国高校思想政治工作会议上明确指出：高校的立身之本在于立德树人，高校思想政治工作关系高校培养什么样的人、如何培养人及为谁培养人这个根本问题。要坚持把立德树人作为中心环节，把思想政治工作贯穿教育教学全过程，实现全程育人、全方位育人，努力开创我国教育事业发展新局面。[2] 这表明党中央将高校育人体系放在了高校工作的突出位置，将全国的高校思政工作推向了一个新的战略高度。2017 年，中共中央、国务院印发了《关于加强和改造新形势下高校思想政治工作的意见》，明确提出在加强与改进高校思政工作的进程中，需坚持全员、全过程、全方位的基本原则，同时强调把思想价值引领贯穿教育教学全过程，从教书、科研、实践、管理、服务、文化及组织七大层面，创建具有长效性、特色化的思政育人工作机制。其中"全员"是包含学校、学生、家庭及社会在内的积极参与；"全过程"指的是从学生在校期间，到进入社会，从目标的制定到执行，从课堂上到课堂之外渗透思想政治教育的基本内容；"全方位"是以立德树人为中心，将思想政治教育充分融入学校组织管理的每一个环节之中。同年 12 月，教育部在《关于加强和改造新形势下高校思想政治工作的意见意见》的基础上印发《高校思想政治工作质量提升工程实施纲要》，在"三全育人"的原则指导之下，结合新时代所赋予高校思想政治教育工作的新任务、新要求，对"七育人"进行发展和延伸，将"七育人"细化为课程、科研、实践、文化、网络、心理、管理、服务、资助、组织十个维度，形成"十大育人"理念，也就是所谓的"十全育人"体系，并指出"十全育人"体系要"挖掘育人要素，完善育人机制，优化评价激励，强化实施保障"[3]。这一文件的出台

---

[1] 关于进一步加强和改进大学生思想政治教育的意见
[2] 习近平在全国高校思想政治工作会议上强调：把思想政治工作贯穿教育教学全过程 开创我国高等教育事业发展新局面 [N]. 人民日报，2016-12-09.[EB/OL].http://www.
[3] 教育部. 高校思想政治工作质量提升工程实施纲要 [EB/OL].http://www.moe.gov.cn/jyb_xwfb/xw-fbb/moe_2069/xwfbh_2017n/wxfb_20171206/wtbd/201712/t20171207-320825.html

是对高校各育人资源在宏观层面的审视与整合，所涵盖的内容更加广泛、全面，为丰富和完善高校思政"金课"全方位育人体系提供了智力支持和建构思路。

（三）高校思政"金课"全方位育人体系的基本结构

1. 育人目标的全方位

全方位的思政育人目标是构建全方位育人体系的最终目的和方向归宿。高校思想政治教育工作是我国教育体系的重要组成部分，作为影响人、改造人的社会实践活动，理应遵循新时代教育方针，牢牢把握"四个服务"的原则，始终坚持立德树人的教育任务，以人为本，将大学生的现实需要为出发点和落脚点，不仅要在学生的头脑中、思想上武装科学的理论知识体系、正确坚定的政治信念，更重要的是要以灵魂塑造引领学生的全方位发展，培育德、智、体、美、劳全面发展的社会主义接班人和建设者。

2. 育人主体的全方位

全方位的思政育人主体是开展全方位育人体系的人力基础和基本保障。学生在对思想政治教育信息的接收过程中，受各种社会关系的制约，一切人的行为习惯、思想观念都可能成为影响思政教育工作成效的因素。思想政治教育工作不是单单依靠专职教师、党务工作者就可以实现的，高校所有的教职工（包括教师、管理人员、服务人员、辅导员等）都承担着育人育才的重要使命。环境是由人来改变的，而教育者本人一定是受教育的。教育者的专业程度、师德水平、政治站位和道德修养都对大学生起着很强的表率示范作用，是全方位育人体系中的关键。此外，大学生不仅是思想政治教育的作用对象，也是思想政治教育工作的直接参与者，是全方位育人体系中的核心主体。一方面，思想政治教育工作要从学生入手，围绕学生实际。另一方面，同辈群体影响的力量不容忽视。因此，要改变以往单向度的教育模式，调动学生自身的内在积极性、创造性，实现自我管理、自我教育，引导学生在交互中自觉、主动地强化自身的学习意识和能力。

3. 育人过程的全方位

全方位的思政育人过程是体现高校思政"金课"全方位育人体系规律性、持续性和针对性的必要条件。任何事物的发展都是量变和质变的统一，不管是教育本身还是学习发展均具有过程性，是在不断地与外界进行信息交换和互动中实现的，这就要求思想政治教育不仅要贯穿高校教育教学的全过程，还要贴近学生成长成才的全过程。一方面，全过程育人体现在高校思想政治教育工作要贯穿学生入学到毕业的各个阶段，针对本科、研究生的不同年级和学习接受能力的差异，制订既符合思想政治教育的内在逻辑,也符合人的发展规律,有侧重点的、能解决学生的现实需求和期待的阶段性目标和内容。另一方面,体现在高校思想政治教育工作要实现与中小学段、社会发展需要的有效对接,减少不必要的重复性教育输出,体现教育工作的渐进性,提高效率,形成长效的育人机制。

4. 育人空间的全方位

全方位的思政育人空间是突出高校思政"金课"全方位育人体系"处处在育人"的客观环境、载体、方式的必要前提。思想观念在存在方式和状态上具有非线性的特点,开展思想政治教育工作,要从其学科本质特点出发,打通课内和课外、现实与虚拟、校内和校外的脉络、显性实物和隐性文化的不同空间方位,融合理论教育和实践引导、线上和线下的多种载体方位,创新心理育人、管理育人、资助育人、组织育人等多重路径,统筹各个环节、各个机构的育人资源,确保各项影响因素发挥其积极正向作用,营造无处不在的思想政治生活氛围和气息,形成由上而下、由内而外的立体化育人空间。

(四)高校思政"金课"全方位育人体系的理论基础

1. 马克思人的全面发展理论

马克思、恩格斯在揭露大工业机器生产发展规律的过程中,提出了人的全面发展理论,并将其总结概括为三个主要维度,分别是人的活动的全面发展、人的社会关系的全面丰富,以及人的素质的全面提升。其中人的活动的全面发展由人的需求的及人的能力的全面发展所构成;人的社会关系的全面丰富指的是人们的生产生活实践活动过程中逐渐结成、占有的多重的社会关系,它与每一个个体在社会生活中的发展水平具有正向相关性;人的素质的全面提升指的是智力与体力、才能及道德水平的全面发展。思想政治教育不仅旨在塑造人的思想观念,在对客体思想观念进行影响的同时指导着客体行为习惯的养成。因此,马克思关于人的全面发展的理论与思想政治教育的最终目的的一致性决定着该理论在育人工作中的基础地位,指导着高校思政"金课"全方位育人体系的构建。另外,高校思政"金课"全方位育人体系的实践也可以进一步丰富人的全面发展理论,在新的历史条件下赋予马克思主义理论新的生命力和内涵。

2. 协同理论

协同理论产生于 20 世纪 60 年代,由德国物理学家赫尔曼·哈肯(Herman Haken)所提出,最初属于物理学范畴,其核心观点是"协同导致有序"。具体是指在系统当中每一个子系统与子系统之间要建立紧密的协同联系,推动系统内部由无序向有序转变，在宏观层面上集中各个子系统的力量，降低内耗从而打造出集体效应。我国将协同理论引入社会哲学科学工作中的时间最早可以追溯至20世纪末期，主要是应用在德育工作之中，认为在德育工作的开展过程中，要整合其他相关领域内的资源力量，进行协同合作形成合力。高校思政"金课"全方位育人体系要求，要发挥出课程、科研、实践、文化、网络、心理、管理、服务、资助、组织等各个方面在思想政治教育领域中的价值和功能性，发动学校、学生、家庭及社会的力量，形成教育合力。因此，协同理论与高校思政"金课"全方位育人体系两者之间的建构的一致性使得协同理论必然成为高校思政"金课"全方位育人体系创建的重要理论支撑。

3. 中国共产党历代领导人的人才观

毛泽东同志提出要把思想教育作为根本，坚持正确的政治方向，培养又红又专、德才兼备的人才。同时，毛泽东同志还提出要采用灵活、多样化的思想政治教育工作方式，将个别与一般相结合，因材施教，做到教育内容能够为教育对象所理解和接受；邓小平同志指出思想政治教育工作要以"四有新人"作为目标和导向，并确立了"面向现代化，面向世界，面向未来"的指导方针，为思想政治教育工作的全面开展提供了明确的方向。同时，他还强调思政教育工作方法的重要性，尤其提出了解放思想、实事求是的理念，要以理服人、以情感服务人，选择正确的方式方法来开展思想政治教育工作；江泽民同志提出在新时期思想政治教育工作中，要明确思想政治建设在党的建设进程中处于的核心、首要位置，指出思政教育工作应当要更加生动，才能够为受教育人群所接受，继而才能在源头上增强思政教育工作的成效；胡锦涛同志提出了"四个新一代"观念，规划了面向高校学生进行思政教育的目标，在全新的国内外形势之内，不仅要明确培养什么人的思政教育工作目标，而且也需要明确怎样培养人的思政教育工作路径。同时指出在高校思政教育工作中要坚持以人为本，从而全面调动大学生对思政教育知识学习的主观能动性；习近平总书记指出，人才是国家强盛的重要资源，高校要牢牢把握人才培养能力这一重要职能建设，将立德树人放在核心位置，把构建德、智、体、美、劳全面培养的教育体系，形成更高水平的人才培养体系作为目标方向，培养能够担当民族复兴大任的时代新人。

我党历代领导人的人才观是继承性与创新性的双重统一，是符合我国的基本国情和高校建设的发展规律的，关于我国人才培养和思政教育工作的实践尝试与理论探索，为高校思政"金课"全方位育人体系的价值目标与内容框架的确立提供了基本依据，是我国高校思政"金课"全方位育人体系建立的重要指针。

(五)高校思政"金课"全方位育人体系的时代价值

1.有利于完善高校人才培养体系

在知识经济的背景下,人才是社会发展的第一资源。我国在社会发展转型的关键时期,对人才的素质、水平、能力提出了更高的要求。大学生是民族、国家的希望,大学生的培养是教育主体的共同诉求。习近平总书记在全国教育大会上发表讲话,指出当代高校要"构建德智体美劳全面培养的教育体系,形成更高水平的人才培养体系"[1],同时还强调高校人才培养体系的创建过程中,要对"学科体系、教学体系、教材体系、管理体系"几个主要层面做出变革,提升高校育人工作的整体水平和质量,做到思想道德、文化知识及社会实践并重。思想政治教育工作在高校人才培养体系中处于统领地位,高校思政"金课"全方位育人体系的构建正是高站位地对高校思想政治工作进行统筹谋划的设计方案,是帮助高校人才培养体系补足短板、强化优势的必然选择,有利于新时代高校人才培养体系在适应社会的矛盾变化中不断进行完善、优化和升级,开创工作新局面、新态势。

2.有利于提高高校人才培养素质

《关于加强和改进新形势下高校思想政治工作的意见》中提出,在高校思政工作的加强与改进工作中,要"培养又红又专、德才兼备、全面发展的中国特色社会主义合格建设者和可靠接班人"[2],为"两个一百年"及中华民族伟大复兴的实现提供人才支持;《高校思想政治工作质量提升工程实施纲要》中更加明确地指出,高校人才培养的总体目标是,"着力培养德智体美全面发展的社会主义建设者和接班人,着力培养担当民族复兴大任的时代新人"。高校作为党的意识形态工作的前沿阵地,在多元文化渗透和冲击的大环境下,更加要将意识形态阵地建设工作落实到位,为大学生的全面发展指明正确的方向。当前国际国内的形势复杂多变,境外敌对势力对我国的渗透力度不断加强,企图混淆大众舆论,制造思想混乱的局面,而大学生求知欲强、好奇心旺,思想价值观念极易遭受侵蚀,不利于健康"三观"的塑造,会对其的全面发展造成一定的负面影响。在当代大学生的全面发展及综合素质的培养过程中,只有先行对当代大学生施加正向的思想政治教育影响,才能为大学生的全面发展指引正确的方向和道路。此外,高校思政"金课"全方位育人体系着眼于新时代,从宏观视角对传统思政工作进行立体化升级,在不同层面满足大学生成长成才的需求,全育人且育全人,在理论与实践中、在生理上与心理上均切实提升其获得感、满足感。因此,高校思政"金课"

---

[1] 习近平出席在全国教育大会上的重要讲话.[N].新华社,2018-09-17.
[2] 关于加强和改进新形势下高校思想政治工作的意见.[N].人民日报,2017-02-28.

全方位育人体系构建的时代意义还体现在，可以为高校人才道德素质水平的提升，以及综合能力的增强提供强大助力。

3. 有利于提升社会主义高校影响力

建设世界一流大学和一流学科，即"双一流"大学，这是我党在教育领域内所推行的一大重要战略，其中将打造具有中国特色和世界影响力的新型高校智库作为重点任务之一推进。长期以来，我国对教育工作都予以高度重视，高校建设工作也初步获取了一定的成果，拥有了世界范围内规模最大、增长速度最快的高等教育系统。但与此同时，世界经合组织所公布的调查数据显示，2018年中国25~64岁人口中受过高等教育的比例为17%，而发达国家的水平基本在40%~50%。[1] 由此可以看出，当前我国高校人才培养工作面临着巨大的挑战，与发达国家之间存在较大的差距，我国高校在世界范围内的影响力仍然较低。习近平总书记在北大师生座谈会上发表的重要讲话中，指出应当将立德树人视作高校全部工作成效的检验标准，并将其融入高校建设、高校管理的每一个环节之中，将立德作为教育工作的根本。这一表述充分强调了思想政治教育工作对于高校整体工作开展的重要性与必要性，也间接说明了高校思政"金课"全方位育人体系的全面构建不仅对"双一流"大学建设任务的推进具有积极影响，更关键的是有利于走出一条面向世界、面向未来的中国特色社会主义高校发展之路，在提升我国高等教育的整体水平的同时扩大国际影响力。

四、高校思政"金课"育人体系的现实困境及优化构建理念

党的十八大以来，在党和中央的高度重视下，在长期的探索、尝试与实践中，我国高校思想政治教育工作取得了历史性的成就和进步，尤其是全国高校思想政治教育工作会议成功召开之后，高校对思政育人体系构建的重视程度迈向了一个新台阶。但是，纵观高校思想政治教育工作全局，我们不难发现现行的工作体系中仍存在一些发展不平衡、不充分的问题。对当前高校育人体系的现实困境进行研究，可以帮助我们补全"短板"，强化弱项，更好地助益社会主义高等教育的发展。

（一）高校思政"金课"育人体系的现实困境

1. 育人主体的育人热情尚未完全唤醒

作为高校思想政治教育的组织者、实施者，教育主体是思政育人体系的联结

---

[1] 刘东超. 文明视野中的中国现代化[N]. 中国经济时报，2019-09-26.

单元,是思想政治教育工作向前发展的、具有强大创造力的"推进器"。高校思政育人主体主要包括思政理论课教师、专业课教师、辅导员、党务工作者、管理、服务人员及学生。高校思政育人主体的育人热情尚未完全唤醒,育人的主体性、能动性发挥受限,具体表现在以下两方面。

(1)部分教职工育人意识淡薄

思政理论课教师和专业课教师在教学和科研的双重压力下,任务繁重,始终以教学大纲、书本内容为依托,以传统考试为主要落脚点,以专业知识、技能教授为本位。对学生个体的需要认识、理解不到位,教师易沦为没有思想、没有感情的"教书机器",将"育人"这一过程异化为机械的传递、灌输的行为,不利于学生的全面发展;辅导员、班主任作为大学生成长之路的引领者、指导者,被事务管理者角色所替代。在处理班级和学生的日常事务时也只是就事论事,对当下的结果进行处理和止损,而对事件发生的背景、过程、推动因素和其中暗含的思想行为倾向关注较少,实质问题得不到根本性的解决;党务工作者在发展人才、制订活动计划时疲于应付过于繁杂的流程,在唤醒校园特色、贴合人的全面发展规律,充分调动师生参与积极性这一方面的工作捉襟见肘。高校管理呈现"行政化"的特点,管理人员在日常工作中通常以稳定、有序、绩效为基本追求,在制度体系、管理方式的选择上尚不能满足时代和学生的期待与需求。高校在提升服务水平,推行服务社会化的过程中,忽略了后勤人员自身素质的建设。服务人员在市场经济的影响下,以利益作为工作导向,片面注重物质供给,忽视精神涵养。

(2)大学生缺乏自觉学习动机

大学生是作为具有独立自主意识和基础知识储备的个体,其知识的吸收和理论的建构不是一个单向度的被动接受的过程,而是在对所接触信息的理性选择中发展培育起来的。他不仅是教育的对象,更是学习的主人。尽管在思想政治教育的理论研究和探索中都对学生这一对象的主体地位给予了充分的肯定和拔高,但是在传统教育思想、灌输式德育影响下,大学生往往缺乏积极主动的学习动机,在思想政治教育工作中参与感弱,处于被动接受的客体位。在课堂上,将"顺从"作为应该遵守的道德规范,只能跟着课本、跟着教师,敢发言但不敢"发声",想象力和个性被压抑,不利于与教师在互动中达成"情感共鸣"。在以量化考核为标准的"一刀切"评价体系中,片面追求标准答案权威下的高分数,导致学习信息的获得不是主动选择的结果,忽视了学习过程中情感、思想、技能的多维进步。在社团活动中,受管理体制的束缚,学生自身的兴趣和需要得不到充分满足,不利于培养学生的组织、协调、创新能力,不能够充分发挥其作为主体的主观能动性。

2. 育人资源的思政功能尚未完全激活

党的十九大报告中明确指出，我国现在的主要社会矛盾已转变为人民对美好生活的需要与发展不平衡不充分之间的矛盾，这是对我国各行各业发展趋势的整体总结①。新时代新阶段，思政教育工作也发生了改变，主要矛盾变成了人们对满足多样性、多层次性的道德精神需求和思想政治教育对人的德行涵养效果不明显之间的矛盾。高校要解决这个主要矛盾就需要各方各个育人主体共同努力，构建全面、系统的育人体系与格局。《高校思想政治工作质量提升工程实施纲要》提出了育人要素的十个维度，即课程、科研、实践、文化、网络、心理、管理、服务、资助、组织。②尽管如此，在目前高校的育人体系中，育人情况参差不齐，甚至差距很大，育人资源没有得到充分发挥，具体情况如下。

高校思政教育工作，以思政课程"挑大梁、唱独角戏"为主，往往局限在思政课堂之内，教学视角比较狭窄，对专业课、通识教育课程利用率不高，在教材内容、手段方式、组织结构上没有体现应有的育人价值。长期处于从属地位的实践，缺乏专门的理论性材料作支撑，重形式轻内涵，学生的热情高但收获低，导致育人效果延续性不强。科学研究活动可以容纳的学生有限，以业务工作为主，主体间紧密性不够，导师的科研目标站位较低，道德示范作用不明显，育人缺乏目的性、计划性。缺乏专业团队支撑，网络思政在执行层面存在运营难、内容空的现象，其传播速度快、及时高效的特点得不到充分发挥。在心理育人层面，育人方式单调且缺乏系统性，相应的专门化的心理课程、活动和社团较少，大学生能接触的心理教育频次低，严重制约着育人效果。在日常教学活动中，对隐性思想政治教育认识不够深刻，浮于表面，在这点上不利于思想政治教育工作的全面渗透和发挥作用。高校的管理工作一般说来呈现自上而下的管束和控制，缺乏对学生、教师的人文伦理关怀，民主气氛得不到充分展现。后勤服务缺乏与学生的交流，食堂寝室等重硬件修缮，轻软件熏陶。学生资助工作仅仅停留在解决物质需求层面，在评估、审核过程中以学生的物质条件贫乏与否为主要切入点，忽视学生的人文精神缺失，供给方向单一，缺乏针对性。组织育人在从上级组织向下延伸传递时育人效果"层层递减"，基层组织在地位上往往被边缘化，整体性不

---

① 习近平在中国共产党第十九次全国代表大会上的报告[N].人民日报，2017-10-28.
② 教育部.高等思想政治工作质量提升工程实施纲要[EB/OL].http://www.moe.gov.cn/jyb_xwfb/xw_fbh/moe_2069/xwfbh_2017n/xwfb_20171206/mtbd/201712/t20171207-320825.html.

明显。

3.育人体系的联动效应尚未完全发挥

系统是马克思主义唯物辩证法中的重要范畴。系统之所以具备各子系统不具备的功能的原因在于，系统中内含各子系统之间的相互联系、相互制约、相互影响的关系，而系统整体性功能的发挥也正依赖于各子系统之间的良性互动。但目前高校各育人资源之间缺乏联系，呈现各自为政的松散体态，体系的合力作用效果甚微。

（1）顶层设计不完善

一些高校在实施思想政治教育的过程中，尽管建立了联动育人机制，但是工作规划相对简单、抽象，思想政治教育的中心主题不明确，缺乏育人相关的具体目标、任务和分工说明，导致机制形同虚设，难以有效汇集思想政治教育力量。具体来说，各部门、各机构受限于各自所处领域的既有制度、体系和语言习惯，难以突破，各机构育人资源配合度不高，缺乏信息沟通，育人功能出现重合，系统内部产生摩擦和内耗，子系统间不但没有组成互为补充、互为支撑的稳定结构，相反还消减了育人合力的生成。其次，过度依赖国家政策、文件的指导，教学决策和推广生硬，缺乏自主性，与当地地方特色、校园文化历史和生源质量水平结合不紧密，思想政治教育工作的适应性不足。此外，相应的监督、评估和激励保障机制不统一，思想政治教育工作的内生动力不够，难以实现真正意义上的合力育人。

（2）投入配比不协调

思想政治教育工作不管从其本质、特性还是教育的内容方面来看，都属于软工程，但在教育过程和方式的使用选择上需要依赖相应的硬性条件。目前我国高校大多设有思想政治教育专项经费，但在经费的申报、审核、使用、监督程序中绩效导向微弱，经费的利用效益不高，专职思政教师、辅导员等的待遇较专业课教师不足，相关教育平台建设进度迟缓，与客观需求不符。另外，大多数高校在专职思政理论教师、辅导员的人员配比中严重失衡。人的精力是有限的，在面对基数大、差异大的学生群体时，思想政治教育工作的针对性和有效性将会大打折扣，常常在问题出现时会有人员缺位的情况。

（二）高校思政"金课"育人体系优化构建理念

1.共情：强化价值引领

从价值引领的作用上看，任何一个时代、一个社会的发展进步都离不开价值引领的强大感召和激励，科技创新、全球化互动正在改变着我们的生活状态和交流方式，充分发挥社会主义核心价值观的价值引领作用是当前应对多元思潮冲击的"强心剂"，是维护我国一元意识形态的"稳定器"。在社会主义核心价值观的共建共享下，我国越来越多的公民自觉地建立起强大的"中国信念"，培植起深厚的爱国主义情怀，推动着我国向着中华民族伟大复兴的"中国梦"不断奋进。一个群体内部具有强大的价值导向吸引力，可以强化主体的角色意识，明确责任边界，增强群体凝聚力和自信心。从思想政治教育的学科特质来看，思想政治教育与其他社会自然科学不同，其实质是在观念、思想、精神层面对公民进行影响、改造的哲学社会科学，是知识内化与行为外化的双重同一。因此，高校在进行思想政治教育工作的每一个环节中，更要充分认识到价值引领的重要性。高校思政"金课"育人体系的创建，首先需要明确体系中主体需要遵循的共同的价值原则和导向，始终把立德树人作为贯穿所有环节的红线，牢牢把控正确的教育教学方向，抓住学生与教师这两个主体，在"共情"中强化思想政治教育主体对自身身份的认同感，打通各主体间的情感通道，激活其主体育人力量"心往一处想"的同时，确保最终形成的思政育人体系合乎规范，向着正确的道路和方向迈进，从而保质保量地完成时代、社会、国家、党所要求的思政教育工作的目标，构建高校思政教育工作的同心圆。

2. 共建：教育资源使用

思想政治教育从来都不是由单独存在的几个点所构成的，它不仅仅是高校或者专职思政理论课教师的专属任务，或是只是局限在课堂之内的工作，而是一个由多因素教育资源联动参与其中产生作用的有机系统。马克思主义系统观告诉我们，在认识、处理和改造事物的过程中，要以整体、全面、立体的眼光代替线性思维，要注意事物的各个方面，遵循其层次性，分析层次数量、顺序对整体功能的约束限制。思政育人工作的开展建立于对"十大"教育资源的挖掘和利用的基础之上，对于各个教学育人资源的挖掘是否足够深入，使用是否足够合理，都将会在很大程度上影响到思想政治教育工作成效及教育体系的纵向延伸。在高校思政"金课"育人体系的开展构建过程中，要充分发挥能够对思想政治教育发力的每个子系统的育人功能，务必要深入各个角度来对思政育人资源进行评估整理，拓宽思政教育渠道和方式，尽可能地做到在提升高校思政育人工作的资源选择空间，在提供创新教育平台和手段的同时，无死角、无断层地提高育人资源的价值功能，在"共建"中增强推动实际效能最大化，强化高校思政育人体系的可操作性。

3. 共进：坚持协同联动

在各要素单独孤立存在时，各要素拥有特殊意义内涵的"质"，但因为某种联系与其他部分相结合成为一个整体而存在时，其个体的"质"就会转变为大于原质的新质。整体的功能发挥并不是简单的各个部分功能的叠加和陈列，离开整体和部分的关系，谈提升高校思政"金课"育人体系的成效是不明智的。体系化是实现思想政治教育真正价值性的本质要求。在价值诉求明确、导向一致的情况下，高校思政"金课"育人体系的优化必须厘清各子系统间的工作机理和内在联系，实现各部门、各机构间的资源共享互通、信息交流互动，才能最大限度地发挥出高校思政"金课"育人体系的整体功能，将高校思政"金课"育人体系健康持久地运行下去。因此，不仅要在顶层设计中，通过规划、分工构建齐抓共管的管理格局，还要统一领导，降低各育人资源之间的重合性，减少内部消耗。在人力、物力合理分配上，要从制度建设、学科支撑、教师队伍建设等方面完善保障机制，促进各育人资源同频共振，纵向延伸。而且最关键的是在强化内生动力建设上，要从动机激励、过程监督、结果评价体系中加强高校思政"金课"育人体系的反馈调节机制，提升体系内驱力，不断推动体系实现更新升级。也只有这样，才能推动各机构、要素在协同联动中走向一体化建设，以"一盘棋"的意识搞活思想政治教育工作，在"共进"中切实提升高校思政教育工作的成效，实现高校思政"金课"育人体系的可持续发展。

五、高校思政"金课"育人体系的建设路径

统一管理机制，找准立德树人总目标与多元主体意志诉求的利益结合点，在规划和分工中实现体系价值整合，凝聚主体力量；完善保障机制，加强制度、理论、教师队伍和协同育人模式的建设，实现资源整合，为挖掘"十大育人"资源功能，形成育人合力奠定基础；优化反馈机制，从动机激励、过程监督和结果评价三方面入手实现行动整合，在运行中推动育人体系可持续健康发展，真正使高校思政工作立成一个体系。

（一）统一高校思政"金课"育人体系的管理机制

1. 党委统一领导保证正确育人方向

"党政军民学，党是领导一切的"。[①] 四川大学党委在教育部和省委的领导下，

---

① 坚持党对教育事业的全面领导——论学习贯彻习近平总书记全国教育大会重要讲话 [N]. 人民日报, 2018-09-18.

积极履行自身的主体责任，坚持党建与其他事业同谋划、同部署、同筹备、同发展。成立了院校党委理论学习中心组，统一制订规划学习内容，党委书记与校长亲自带头讲党课、抓调研。深化校院两级管理机制，以党建推进学校育人能力和治理水平的现代化发展。坚持党委的领导作用，不仅可以为思政育人工作的整体开展把握正确的方向和发展路线，而且在党委的统筹下，可以确保各个组织部门、教学环节中的各项责任能够落实到位。因此，在高校思政"金课"育人体系的管理机制构建中，首先，要突出高校思政育人工作中的党委领导地位，加强顶层设计工作，制订思政育人实施规划。党委在宏观统筹下、全面布局高校工作内容与安排时，要把思想政治教育工作放在突出位置，始终围绕立德树人这一中心来规划、设计、部署、落实。其次，要培养党委成员的育人责任意识，实施"一岗双责"机制。一方面，党委领导干部要履行原本岗位的职属职责，发挥榜样先锋力量，起到标杆引领、模范带头作用。另一方面，要履行政领导职责，贯彻执行上级党组织在思政育人工作中的决策方针与部署安排。再次，确立主要思政工作负责人。校党委书记是高校思政工作的第一责任人，要将思政工作正式纳入议程，落实落细，与其他工作同谋、同践、同进。最后，创建"校院两级"联动工作机制。以马克思主义学院作为重点学院进行建设，带头引导其他院系积极响应校党委的号召，根据自身学生的素质特点、基础经费制订具体教育方案，对"两学一做""三会一课"等学习活动做出具体要求。

2. 党政齐抓共管形成职能机制

西南大学在积极探索实践中，充分发挥党建的枢纽作用，以非层级化党建推动各职能部门协作，打造了"上下贯通，纵向到底"的育人格局，在"一核多元、横向到边"的体系中凝聚多元主体力量，形成了党政育人合力。高校思想政治教育工作繁杂，涉及层面、机构广泛，其目标任务的实现，必须动员高校各个职能部门的力量，让高校所有组织参与其中，不仅负责好自己的"责任田"，也要协调配合其他组织的工作。在高校思政"金课"育人体系中打造党政"齐抓共管"一体化育人格局，首先，要明确行政组织的育人职责。遵循民主集中制的原则，经过高校党委联席会议的协商、讨论及决议后，确定重大事项的安排与部署，建立全面的、多层次的领导分工工作机制，为提高党政工作事务决策效率和准确性奠定基础，降低运行成本。其次，构建"倒T"型互动机制，凝聚主体共识。不同部门、主体所承担的实际工作要求不同、任务不同，要畅通党委和各行政组织的沟通路径，在具体的、阶段性的目标制订和规划中，找准立德树人总任务与不同主体诉求间的利益结合点，引导主体在实现自我价值的过程中自觉承担育人职责,凝聚共识。最后,发挥基层党组织的战斗堡垒作用。一方面,加强教职工与教职工党支部、教职工与学生党支部之间的交流与互动,另一方面,带领党组织的成员深入校园基层学生工作之中,或发展基层工作中有潜力的青年教师、学生,壮大党员队伍,推动党员影响力渗透下沉,带动激发各基层部门的育人活力。

(二)完善高校思政"金课"育人体系的保障机制

1. 规范工作规划,严格育人制度建设

对于加强和改进大学生思想政治教育工作而言,制度建设是根本。华中科技大学在"党旗领航工程"中强调制度护航对高校育人工作的重要性,从顶层设计、社区育人、条件保障三方面入手,出台《贯彻落实"做六有学生"的实施计划》等指导性文件,旨在为高校育人工作指明方向。复旦大学在对标教育部相关文件精神的基础上,聚焦育人体系深化改革。通过分析,明确学生、教师、管理人员等不同主体在育人体系中的任务要求,将有效的思政育人工作实践经验提炼、总结上升为制度,并加大对已有制度的执行力度,建章立制推广基层育人模式方法,提高育人质量。完善的制度体系能够为高校思政育人工作的开展提供执行依据和基础参考、规范秩序,是思政育人体系得以有序运行的基础支持,是控制和约束体系规则、模式、发展趋势和走向的有力手段。将育人工作上升为制度,不是要禁锢育人主体的思想和行为,而是为了更好地保障主体的根本权益,为其主观能动性的发挥保驾护航。严格高校思政育人制度建设有利于推动知识体系、主体关系、资源分配的规范化和透明化,有利于激发育人主体的育人热情和保护育人主体的劳动成果。在高校思政"金课"育人体系中严格制度建设,首先,要求高校要正确解读并理解党中央、国务院及教育部所下发的相关政策文件,并结合历史经验和传统,通过扬弃来贯彻构建具有权威性和合理性的思政育人工作制度体系。其次,坚持分层原则,结合学校各部门、各院系的具体教学情况和教学需求,坚持自律与他律、外部约束和内部约束兼修,对各个教学部门、组织管理机构的工作责任、职权范围、工作目标与任务等方面的情况进行说明与规定,在目标性与操作性的融合中为思想政治教育工作的开展提供确切依据。再次,坚持分众原则。根据不同育人主体育人的需要,和不同育人资源的特点找准育人着力点,参考实践案例建立配套等级标准。最后,优化《思想政治教育专项资金管理办法》。以优化结构为主线完善高校思政工作专项资金管理,突出抓重点、补短板的原则,在深化绩效审核的基础上,简化申报程序,加大投入,着力破解发展不平衡的问题,实现高校教育治理能力现代化

2. 坚持改革创新，加强育人理论研究

科学的理论是实践经验的理性总结和升华，蕴含学科逻辑和思维，是实际践行的指南针，对实践具有巨大的指导作用。但作为理论来源的历史实践总是处在不断地变化与发展之中，理论的科学性、严谨性建立在对实践变化的正确认识和不断创新更迭中。东华大学实施德育研究提升工程，聚焦思政育人过程中存在的重难点，如课程内容、教学方法、考核方式等，组建研究团队其目的就是为一体化思政育人提供理论支撑，优化要素配置。思想政治教育工作的创新理论研究成果能够为高校思政"金课"育人体系中各项工作部署、计划与安排提供源源不断的智慧源泉和前进动力，因此，高校思政"金课"育人体系的创建工作应当要以扎实的理论知识作为依托，不断提升思政育人理论的研究水平，推动育人理论的更新发展。首先，要引导高校师生主动地投入对思政育人理论研究成果的学习之中，包括以往的研究成果及最新的研究动态，坚持以马克思主义的基本原理和方法论为指导，并将马克思主义中国化的最新理论成果融入其中，推动习近平新时代中国特色社会主义思想进教材、进课堂、进头脑等，紧跟理论时代发展的步伐，坚持中国特色社会主义实践需要和高校思想政治教育工作主题的内在一致性。以理论知识武装主体，全面提升知识储备，克服经验本位的工作惯性，为思政育人教学工作的开展做好充足的准备。其次，高校要创建思政工作创新及理论研究中心。坚持改革创新的力度，并提升对育人理论研究的整体水平，将研究中心作为教师思政育人理论的交流中心，打造思政集体备课平台，围绕党的建设、思政教育、意识形态工作等相关的理论知识，以及实践的运行情况展开全面的研究和探索。在指导教师将所学所接触的理论知识投入实践中加以进行应用，在实践中检查验证普遍理论适用性的同时，将所得的个别经验重新整理形成普遍理论，在科学理论知识与实践教学经验两者之间建立紧密的联系，不断开创思想政治教育工作的新局面、新态势。

3. 建强师德师风，优化教师队伍配置

教育是改变社会条件和实现人类自由而全面发展的重要手段，马克思认为教师在阶级属性上隶属于从事脑力劳动的无产阶级，是教育活动的承担者，对于促进社会发展和实现人才培养具有重要意义。复旦大学在党委领导下开展"强师行动计划"，创建"三关心一引领"模式，提升教师理论教学水平。此外，还将师德、师风作为新时代优秀教师育人队伍的首要标准，以"全国优秀共产党员"钟扬同志为学习典型、榜样开展宣传教育活动，引导本校教职工在奉献、服务与担当中钻学问、修品行。南开大学搭建教师成长平台，成立教师发展协会，从人员机构

配置及思想理论水平等层面对教师队伍进行优化，鼓励中青年教师参与"择优资助计划"、创新示范团队等项目，助力教师成长发展。"师者，人之模范也"，教师的一言一行都将会成为学生学习模仿的榜样。教师自身的思想道德修养与思想政治教育工作水平的高低直接关系到高校整体的思政育人工作成果的优良。习近平总书记在多次座谈会中也强调一支师德高尚、业务精湛、充满活力的高素质专业化队伍对我国教育事业发展的重要性。在思政育人体系中建立一支强有力的思政育人教师队伍，首要工作便是提升教师的道德自觉，道德自觉性的高低直接影响教师在工作中主观能动性发挥的程度。

第一，高校要加强对全体教师思想层面的宣传教育。关注教师的思想动态变化，督促教师认真履行职责，根据学校相关教学制度，贯彻落实党的政策与方针，提升教师在思政育人工作中的积极性和规范性。第二，教师要加强自身的道德修养。教师要严于律己，保持健康的思想状态以及正确的行为方式，为学生树立榜样，对学生进行行为实践的教学。第三，提升教师的专业水平与专业能力。学校要对思想政治教育的专门人才进行大力的培养和选拔，建设一支专业化、职业化的思政教师队伍。高校可以鼓励各专业教师攻读马克思主义理论专业硕士、博士学位，定期组织优秀教师代表外出进修、培训，鼓励教师自觉和主动学习先进地区的最新知识体系、实践经验等。组织教师参加思政育人为主题的座谈会，互相交流、分享实践教学活动中的成果，互相学习，共同进步。邀请思政育人领域内的专家在学校开办讲座，引导教师掌握最新的学科研究动态；评选"优秀示范课""思政精品课"，并在线开放、共享等。第四，抓住关键少数优化教师配置。在教师与学生的比例上，严格遵循专职思政工作人员和党务人员应不低于百分之一，专职辅导员岗位按不低于二百分之一，心理咨询教师不低于五千分之一的方案优化高校教师配置，满足思政工作开展要求。

4. 打造协同育人机制，形成育人合力

清华大学致力于打造具有"7C"特色的一体化德育体系，成立青少年德育研究中心。不仅重视各个学段道德教育的联动发展，大力推动大中小德育一体化，在附中、附小中传承校风校训，而且在既有的经验和理论基础之上深入剖析研究家、校、社会对德育的贡献度和影响度并加以充分利用。大学生的思想道德品质形成不是一蹴而就的，而是在长期的基础教育与家庭生活、社会环境的不断交往中逐渐形成的，具有渐进性和稳定性。高校思政育人工作是与基础教育开展和社会发展需求具有紧密联系的中间环节，不是单独作为一个断层个体存在的，要把高校思想政治教育工作放在学生成长的时间性持续序列中，一刻不能松懈。因此，在构建高校思政"金课"育人体系的过程中不仅要注重校内资源的运用，也要在内容选择、方式使用中实现与中小学学段的有效衔接，与家庭、社会的有机联动，形成相辅相成的协同育人机制。

首先，实现与中小学思政教育的有效衔接。第一，要建立健全大中小学思想政治教育联席会议制度，避免教育内容的机械重复。在立德树人的大框架下，根据学生的成长规律、学习接受知识能力的规律和教育规律对思想政治教育的主要目的、手段、内容进行规划统整，以中小学思政大纲为基础，消除与中小学思政教育工作的断层，从基本常识到人际关系再到发展素质渐进拓展。第二，在入学到毕业的过程也要体现思想政治教育工作的层次性，将入学教育、专业技能培养、职业素养提升一线贯之，既要培养合格的大学生，也要以社会需求为标的，培养能为社会做贡献的建设者。

其次，形成学校、家庭、社会环环紧扣的育人局面。除学校之外，家庭与社会在学生的成长生活中也都占据着重要篇幅，在思政育人工作中都承担着不可推卸的责任。高校不仅要主动与学生家长进行联系，创建家校联动的工作机制，通过即时通信 App 等方式来与家长建立沟通渠道，使家长充分认识家庭教育环境的重要性，规范自身的一言一行，从而积极配合学校的各类思政育人工作与活动，而且还要与当地的社会组织建立联系，进行不同方式的合作联动，各地党委、政府牵头，深化校地合作，促进学校与社会组织团体、企业之间的互动，依托社会大资源库，加强思政教育与现实生活的联系，营造社会育人氛围。

（三）优化高校思政"金课"育人体系的反馈机制

1. 改进高校思政"金课"育人体系的激励办法

激励机制是指以人的需要为出发点，运用一定方式提升主体在追求既定目标时的主观意愿程度，从而激发自身的能动性、主动性和创造性，并生成与之对应的积极行为方式，是促使主体发挥潜能、提高工作效率的重要手段。贵州财经大学在强化顶层设计，推动教学改革的过程中，针对不同层级标准的教师给予相应标准的薪酬，形成了"5+1"模式的激励机制来提升教师参与积极性，初步形成了教改成果数量多、优良率高的格局。高校思政"金课"育人体系中所包含的主体多元，主体诉求多样，设计高效、生动、稳固的激励办法，一方面，可以提升教职工的育人热情和自觉性，重视思想政治教育工作的创新发展；另一方面，可以提升大学生自我教育和自主学习的积极性，加强对思想政治教育内容的内化吸收，大幅度增强思政育人体系的内生动力。在高校思政"金课"育人体系中改进激励办法，首先，要注重对育人主体多重需要的激励。思想政治教育工作不是功利性的社会活动，不以经济效益和物质利益的获取为最终目的，因此，在激励过程中，也不应单纯的以物质激励为主线，还要从主体的精神需求入手，在人格和思想上引导主体在实现自身价值和能力突破的过程中产生自豪感、成就感和满足感。其次，创新激励的方式与方法。社会环境和人的思想观念都处在不断地发展变化之中，激励办法的选择要与之相适应，在适应中寻求超越，在继承传统榜样示范、物质奖惩的同时，要发展和创新实践锻炼、情感体验等激励因素，充分结合网络新媒体生动形象地表现激励内容，提升激励水平。

2. 加强对高校思政教育教学质量的检查监督

思政育人工作在实践中的落实与执行不能仅仅依靠育人主体的自觉性，更为重要的是要对工作的实施过程进行实时审视与监督。通过适当的监督，不仅能够加强对高校思想政治教育工作实际进展的掌握程度，同时也有助于推进思政育人教学工作实践质量与整体水平的全面提升。大连理工大学在"不忘初心、牢记使命"的主题教育中，充分利用纪检监察部门的监督作用，强化制度执行力，从而推动思政育人工作常态化稳定发展。在高校思政"金课"育人体系的构建中，加强对高校思政教育教学质量的监督，首先，要强化高校思政育人工作的监管责任体系。主要是要明确从中央到地方、从高校到院系，再到组织部门的每一个环节中，各个主体部门所承担的责任，只有将责任进行清晰的明确划分，才能够明确监管工作的主要任务，才能确保在未履行责任的情况发生之后能够及时向动作主体予以检举和提醒。其次，要整合校内、校外两方的监督资源，推进监督机制常态化。其中校内监督指的是在高校要创建完善的自我监督体系，设置专门的思政育人监督部门，制订完备的思政育人工作质量检查与监督工作制度，学年初向各个部门下发学校所制订的年度思政育人工作制度，在学年后则要对完成情况进行检查与纠正，并且在学年中组织不定期的抽查，以引起学校全体教职工对思政育人工作的充分重视。校外监督主要是由高校所在地的纪委对教学外部进行监督，增加学校履行思政育人职责的主动与积极性。

3. 建立对高校思政育人效果的科学评价体系

科学的评价机制能够通过对执行过程和执行结果的评估、总结，给予系统以正向反馈，从而得出改进策略、方法以促进系统升级完善，推动系统的健康可持续运行。中国人民大学在本科人才培养过程中，设计制定了以学生成长阶段为主线的学生课外综合管理评价系统。北京林业大学通过实施"青蓝计划"强化评价激励机制，从思政育人过程、质量效果和学生的获得感三个维度进行综合考评、立体分析，以此提升教职工人才培养能力。在高校思政"金课"育人体系的创建工作中，建立科学的评价体系，是客观看待思想政治教育工作目标的实现程度，具体评判育人体系的实施效果的必要条件。通过评价结果的展现、反馈，从中了解体系自身现存的不足并加以改进，是实现建构长效育人体系的必由之路。具体从受体对象的角度划分，高校思政"金课"育人体系的评价体系可分为对学生学习效果的评价和对教师教学效果的评价。

首先，针对学生学习效果的评价。思想政治教育具有阶级性、政治性，其最为根本的问题和关键是如何把思想政治教育工作的内容由外在规定转变为学生的内在需求。打破以往以定量考试成绩为定性标准的错误导向，第一，要创新评价方法。将静态考试成绩与学生成长的阶段性动态变化相结合，将重点放在非认知领域，以课程成绩为核心，调查研讨、专题作业、时间观察等多种方式为辅助，对学生进行全面评价。第二，要拓展评价内容。将生硬的理论知识与开放性的实践应用相结合，以启发联想代替死记硬背、生搬硬套，实现学生学习由认知向认同、由他律向自律的转化。

其次，针对教师教学效果的评价。第一，在院系评价工作中，务必要制订量化的具体指标，尽可能地消除评价时的主观色彩，提高客观性，将教师在课程、科研、实践、文化、网络、心理、管理、服务、资助、组织等方面工作完成与落实情况纳入评价指标之中，对育人体系的落实情况进行检验。第二，动员学生的主体性力量，高校要将每一个班级作为一个单位，以学生为评价主体，以教师工作为对象来进行评价。同时，为了确保学生对教师评价结果的公正、公平性，学校可以采用匿名投票、网络投票相结合的方式来组织评价活动，并且将两种评价的结果进行横向对比，更加客观地获取最终的评价结果。

第四章　高校思政"金课"中的主体发展

建设"金课",是新时代我国高等教育改革的重要目标。作为落实立德树人根本任务的核心课程,高校思政课尤其应该抓住"金课"建设的契机,注重思政"金课"的主体发展,本章从高校思政"金课"教师的发展、高校辅导员队伍的建设,以及高校生的良好参与等方面对"金课"主体的发展状况进行了分析。

第一节　高校思政"金课"教师的发展

一、高校思想政治"金课"教师队伍建设的重要意义

(一)是当前社会发展的迫切需求

思政"金课"教师队伍建设是当前思政课程建设的基础,作为育人主体,教师队伍在思政"金课"中发挥着至关重要的作用。习近平总书记高度重视思想政治"金课"教师队伍的建设力度,并且多次在全国高校进行调研、指导思想政治工作。高校立身之本在于立德树人,要始终坚持中国共产党的领导,不断学习习近平总书记的一系列重要讲话精神,不断学习习近平新时代中国特色社会主义思想,不断领会新时代对高校育人提出的新任务新要求。高校党委作为高校思政工作的引领者更是需要不断学习新的理论,重视思政课程"金课"的教师队伍建设,带领高校教师学习习近平总书记关于高等教育的系列讲话,总结出适合本校特色的思政建设体系。要不断加强教师的思想政治觉悟,不断创造条件提高教师的业务能力和科研水平,抓好师风师德建设。

中国特色社会主义事业需要进一步加强高校思想政治"金课"教师队伍建设。随着我国各项事业的进一步发展,我国进入了中国特色社会主义新时代,我国的

改革开放经验告诉我们,国家的建设需要高校培养更多更好的、又红又专的专业人才,高校作为培养专业人才的摇篮,起到了不可代替的重要作用。思想政治"金课"教师作为高校思想政治教育的教学科研中坚力量,为高校立德树人工作做出了巨大贡献,付出了大量的心血,广大思想政治"金课"教师在教学科研一线勇挑重担,他们发自内心地热爱教师这一伟大而光荣的职业,他们爱岗敬业,努力加强自身修养,刻苦钻研教学科研业务,努力践行社会主义核心价值观,为高校的立德树人工作默默无闻地奉献自己的青春和美好年华,广大学生以他们为楷模,他们也深受大学生的无比尊敬和衷心爱戴。

我国日益发展的高等教育亟须进一步加强思想政治"金课"教师队伍建设。随着我国各项事业的迅速发展,我国的高等教育事业也步入快车道,从过去的精英教育步入大众化教育,大学生队伍的思想道德水准、专业学习态度和学习能力、同学交往等方面参差不齐,这就要求思想政治"金课"教师必须具备更高的思想道德素质、职业道德规范水平、教学科研能力、创新能力来适应新的专业人才培养过程,高校的立德树人工作任务离不开广大思想政治"金课"教师的辛勤工作,广大思想政治"金课"教师战斗在教学科研第一线,为高校的教学科研工作、高校思想政治工作、高校人才培养工作做出大量的工作,高校党委要加强对思想政治"金课"教师队伍建设的重视,尊重知识,尊重人才,充分调动广大思想政治"金课"教师工作积极性、主动性和创造性,努力把高校立德树人工作任务出色完成,向党中央、全国人民交出满意的答卷,使我国高等教育事业上一个更高的新高度、新水平。因此,高校党委必须大力加强思想政治"金课"教师队伍建设。

(二)有助于增强高校思想政治教育实效性

高校思想政治教育的核心目标在于为社会主义现代化建设,以及中华民族的伟大复兴培养时代新人。现阶段,国际形势错综复杂,大国博弈和竞争日益激烈,各种思潮对青年的成长产生深远影响。在这种复杂的环境中,高校思政教师需要引导学生更清晰地认知国际形势,以共产主义信仰武装头脑,增强当代大学生的民族自豪感和国家自豪感,进而坚定中国特色社会主义的信念。在新时代高校思想政治理论发展过程中,培养"四有新人"始终是教育工作者面对的重要课题,而解决这一问题的关键在于培养兼具理论知识和实践经验的师资力量。通过加强高校思政教师的团队建设,改善思想政治教育的理念和方法,在课堂教学过程中引入更多信息技术手段,与时俱进;通过青年人喜爱的方式实现思想政治教育。通过高校思政教师团队的建设,培养一支创新能力高、改革能力强的教师团队,为培养社会主义现代化建设接班人提供师资保障；可以充分利用时下的热点问题和主流问题，结合现代化的技术和手段对教育教学模式进行全方位的创新和改善，进而实现理论和实践的相结合；激发在校大学生对思想政治教育的兴趣，进而改善思想政治教育的效果，增强思想政治教育的认同感，提升在校大学生的制度自信、文化自信，坚定学生的社会主义信仰，并将其转化成实际行动。

（三）有助于培养担当民族复兴的时代新人

根据十九大的要求，高校教育工作者应以培养担当民族复兴大任的时代新人为目标，[①]这一论述明确了培养什么样的人、如何培养人，以及为谁培养人的重要命题。只有有理想、有担当、有能力的青年一代，才能担负民族复兴的大业，才能推动国家和民族的进步。在社会主义现代化建设的关键阶段，国家和民族对优秀人才的需求远超任何一个时代。对一个国家和民族而言，只有高度重视青少年的教育，才能在未来获得竞争力。大量实践表明，中华民族的复兴及中国的发展水平在很大程度上取决于青年一代的理想高度。"中国梦"是全国各族人民的共同理想，也是青年一代应为之奋斗的目标。在时间维度上，当代青年一代的黄金阶段和我国"两个百年"的发展目标高度契合，高校思政教师有责任、有义务引导在校大学生认清自身的历史使命和时代责任，鼓励学生将有效的精力投入国家和民族的无限事业当中，在实现个人理想的同时，为中华民族的伟大复兴贡献自己的力量，帮助学生成为时代的开拓者、奋进者、前进者。可见，高校思政教师是我国社会主义现代化建设的重要一环，对于实现"中国梦"具有重要影响。因此，加强高校思政课教师队伍建设有助于培养担当民族复兴的时代新人。

（四）有助于巩固高校意识形态阵地

习近平总书记多次强调"意识形态工作是党的一项极端重要的工作。"[②]培养什么样的人及如何培养人是意识形态的关键所在，社会主义大学必须将意识形态的教育作为一项重要的政治任务，明确社会主义大学的办学方向。现阶段，全球范围内的意识形态斗争日常激烈，复杂性日益提升。作为思想和文化的交汇点，高校也是各种意识形态的交锋之处。在这种情况下，建设一支思想素质过硬、立场和信仰坚定的教师队伍尤为重要，高校思政教师必须将习近平新时代中国特色社会主义思想作为武器，通过切实有效的思想政治教育，坚定学生的社会主义发展之路，宣传为人民服务的价值体系。

---

① 习近平在中国共产党第十九次全国代表大会上的报告[N].人民日报，2017-10-28.
② 习近平.习近平谈治国理政[M].北京：外文出版社，2014.

对党和国家而言，高校是意识形态工作的"桥头堡"，意识形态的建设成效在很大程度上决定了党对高校的领导，对于党提出的教育方针是否能够良性运行具有重要意义，对于我国社会主义现代化建设者和接班人的培养具有重要意义。综上所述，高校意识形态教育不仅仅是简单的教育工作，它对于铸魂育人、立德育人都具有重要意义，在一定程度上是一种战略和固本工程。在全球化进程不断推进的背景下，多元化的思想和文化集聚高校，对青年一代的意识形态领域的争夺已经成为全球竞争的重要内容，因此，高校意识形态的教育必须要引起各方面的广泛关注。目前，随着全球移动互联网高速发展，各种社会思潮和思想文化通过新媒体的方式得到了广泛的关注，并集中在高校领域。为应对这种情况，高校思政教育者需要坚定自身信仰，向青年一代传递中国特色社会主义的意识形态。"问题是时代的格言，是表现时代自己内心状态的最实际的呼声。"[1]通过意识形态建设的宏观层面分析可以发现，高校思政教师正在从事一项伟大的历史斗争，捍卫共产主义的意识形态，但是这也对高校思政教师团队的专业性和创新性提出了更高要求。只有占领主流思想舆论，才能引导大学生将马克思主义作为重要的批判工具，对各种错误或者落后的思潮进行批判，进而武装自己的头脑，约束自身的行为。在信息时代，高校思政教师必须充分利用互联网这一工具，将其作为意识形态斗争的重要阵地，充分利用网络传播规律，立足网络宣传优势，通过占领网络舆论的高地，以及更加熟练地掌握现代传媒工具，在意识形态斗争建设过程中占据话语权和领导权，推动在高校这一意识形态前沿阵地构筑坚固防线。

二、高校思想政治"金课"教师队伍存在的问题

（一）部分高校对于思想政治"金课"教师重视程度不够

首先，部分高校不重视思想政治"金课"教师的政治理论学习。有一部分高校领导在政治思想上认识不清，在实际工作中思想认识程度处于一个相对较低的水平，在思想认识方面存在较大偏差。学校不能很好地调动思想政治"金课"教师政治理论学习的主动性和自觉性，忽视了思想政治"金课"教师的政治理论学习，在政治学习方面走形式主义，用新的形式主义代替旧的形式主义，只是组织大家看看新闻、读读报纸了事，这些现象实际上就是不重视政治理论学习，那学习效果可想而知，这就造成思想政治理论课教师队伍政治理论水平不高，不关心

---

[1] 马克思，恩格斯．马克思恩格斯全集：第一卷[M]．中共中央马克思恩格斯列宁斯大林著作编译局，译．北京：中共中央著作编译局译，2002．

时事政治，不了解国内国际政治经济形势，不能很准确地学习贯彻党的路线、方针、政策，在日常工作当中很难出色完成树德立人的根本任务。

其次，部分高校忽视思想政治"金课"教师的师德师风建设工作。高校在指导思想方面忽视师德师风建设，在实际工作中，难以体现学高为师、身正为范，部分教师在课堂课下做不到知行合一，起不到表率示范作用，自私自利之心严重，这不仅仅损害了思想政治"金课"教师的自身形象，更为严重的是影响了大学生的良好思想品德的形成，大学生面对复杂的社会问题很难分清对错，面对错误思想难以做出正确的选择。部分思想政治"金课"教师自身修养较低，影响思想政治"金课"的教学效果，不能出色地完成教育教学任务，严重影响大学生世界观、人生观和价值观的形成，致使大学生不能很好地践行社会主义核心价值观。

最后，思政教学是一项成果很难量化的课程，相对其他科研课程取得很好的工作成效、工作业绩，思政工作显得不够强，因此高校投入较多资源在思政教学，会认为是资源的浪费。在这种思想影响下高校对于思政教学的投入力度不够，教师队伍建设不完善，思政教育资源差，进而不能取得良好的效果，而效果的不理想使得高校继续忽视思政教育，形成了恶性循环。思政教育资源投入不够，比如思政教师待遇和地位比较低、没有足够的科研经费、没有高质量的培训、科研活动少等。由于对思政教学的不重视，导致思政教师的科研能力不强、科研成果少而且不精，甚至出现了学术造假行为，严重损害师德师风。

（二）部分高校思想政治"金课"教师业务能力不高

（1）部分高校忽视思想政治"金课"教师教学科研能力的提升

思想政治"金课"教师既要出色完成规定的思想政治"金课"教学任务，在课堂上向大学生讲授马克思主义课程规定的教学内容，还要向广大学生宣讲做人做事的准则，不断提升大学生的思想道德修养，用自身的高尚品德示范给大学生，引领大学生在日常的学习工作中靠近党组织，不断体现优秀大学生的先锋模范作用，把那些优秀的、思想政治觉悟成熟的大学生吸收到党的队伍中。但现实不尽如人意，部分思想政治"金课"教师不能爱岗敬业，不安心于教学科研工作，工作不主动，工作效率不高，备课不充分，上课照着讲义读给学生，不能很好地辅导学生，批改作业不讲究质量，考试给学生划重点题目，判卷不认真，给学生"人情分"。

（2）部分思想政治理论课教师忽视自身业务学习进修，教学科研工作能力不高部分思想政治"金课"教师不重视自身的学习和提高，忽视自身教学科研能力的进一步提高，忽视自身学历的进一步提高，不能积极有效地参加教学科研进修学习，对于本专业学术前沿问题置若罔闻，造成了思想政治"金课"教师队伍的恶性循环，严重影响了思想政治"金课"教师队伍的良性发展和健康成长。部分思想政治"金课"教师缺少创新意识，在教学科研工作方面很难有理论创新和实践创新，造成大部分思想政治"金课"教师在创新思维、创新意识和创新能力严重不足，这直接影响了大学生创新能力的形成。

（三）部分高校忽视思想政治"金课"教师队伍建设的政策机制

（1）部分高校缺少思想政治"金课"教师党员队伍建设总体规划和政策机制

部分高校领导在指导思想上忽视思想政治"金课"教师队伍建设，在思想政治"金课"教师队伍建设上缺少长远眼光，造成了思想政治"金课"教师队伍问题较多，比较突出的是队伍建设中缺少长期规划，也缺少相应的政策机制，这样就直接影响了思想政治"金课"教师队伍建设的质量和水平，严重影响了思想政治"金课"教师队伍的成长和提高。

（2）部分高校对于思想政治"金课"教师队伍建设的资金投入明显不足

学校缺少思想政治"金课"教师的进修学习规划和措施，教师队伍的学历、专业水平普遍偏低，教学科研能力很难突破瓶颈，教学科研水平落后，跟不上时代的步伐。大多数高校思想政治"金课"教师工作环境差，没有教师工作室，教学硬件不足，教学手段还停留在一块黑板、一根粉笔的程度上，教学现代化无从谈起。

（3）部分高校缺少思想政治"金课"教师职称晋升机制措施

部分高校多年都没有教授、副教授指标，大多数教师职称都停留在讲师，很难调动教师的工作积极性和创造性。部分工作优秀教师得不到提拔，工资收入偏低。学校对教师缺乏人文关怀，学校党组织缺少和教师耐心细致地谈心，对于教师关注的焦点、存在的困难，不能及时了解和解决，影响了教师的工作积极性。

就目前高校思政课教师队伍建设的管理机制来看，很多学校没能形成自己的特色体系，管理模式多是流于形式、比较宽泛的普遍性管理机制，其执行操作性不强。这种管理模式在长期的实践中逐渐显现出不同程度教师的职业倦怠性，束缚了教师胜任力的进一步发展，也造成了高校思政课教师队伍各自为政的局面。当前，部分高校思政课教师队伍建设的管理者既是一线的思政课教师，又是队伍建设的掌舵者。但是他们中的大部分教师无法平衡好两者的关系，长时间的行政和教学两边跑，无疑加大了教师的工作压力，在一定程度上既降低了教学效果，也没能投入足够精力发挥好教师队伍管理者的有效作用，使得对思政理论课教师队伍的管理仅仅停留在书面的条文制度。同时，在高校思政课教师队伍建设的管理过程中，缺乏对思政课课堂情况的系统调研考查，在管理规范的制定中忽略了不同课堂的教学实际，使得在现行的管理机制下，无法达到最佳的思政课教学水平，进而也使管理机制的执行效果大打折扣。另外，在高校思政课教师队伍的管理体制建设方面，通常是设置宏观管理规范，没能结合思政课的特殊性，合理划分不同部门的职能分工，造成了不同部门间的职责不明晰、机制体制不细化的问题，在一定程度上束缚了思政课教师队伍对提高思政课课堂的积极作用，也使得思政课教师队伍建设的质量水平难以突破目前发展的瓶颈，更不能达到预期的效果。

（四）高校思政课教师的专业化人才供给不足

高校思政课教师专业化人才培养，既是充实思政课教师数量的外化形式，又是提高思政课教师质量的内驱动力。相比于其他理工科专业，博硕士点的数量依然不足，虽然这些平台每年对思政课人才的招收数量在不断扩大，但是受到培养点总量的限制，依然很难短时间内改变思政课教师人才数量不足的状况。同时，全国各类思政课教师的培养基地数量远远不能满足现实思政课教师的培训需要，特别是基层思政课教师队伍培养基地在其数量、课程体系、组织培训等环节中，与现实思政课教师提高自身素质的需要还存在很大的差距，这在某些程度上也限制了思政课教师自我能力的提升。另外，不同层级思政课教师基地培养师的思维视野、知识水平、教学方法等也制约着所培养的思政课教师的思维方式与其专业化的程度，一定程度上也影响着思政课教师的高质量专业化孵化与发展。

（五）高校思政课教师的职后培训与终身学习有待加强

高校思政课教师的素质水平参差不齐主要在于两个方面。一方面，是高等学校对于思政课教师的职后培训体制不到位，另一方面，是因为思政课教师自身的学习自觉性有待提高。

部分高校虽然设置了职后培训机制，但是在实施过程中有时流于形式，仅仅将其作为制度化的存在，使其失去对思政课教师队伍培训原有的功能性教育。同时，部分高等院校并没有将这种职后培训纳入考核体制，使其游离在硬性条件和软性条件之间，也降低了思政课的培训效果。此外，有些学校受到经费限制，对思政课教师的培训仅仅停留在教育部规定的校外培训班上,而校内的培训开展次数少、质量不够高,进一步影响了思政课教师教学水平的提高。

众所周知,外因与内因相互联系、相互影响。外因是条件作用,内因才起决定性作用,是根本;外因只有通过内因才能起作用,内因影响外因。故而国家层面对于高校思政再重视也得需要高校教师积极配合,主动建设,重视思政工作,才能使国家一系列政策得以实施。

面对社会日新月异的发展,社会进程的加快,一些思政课教师的学习意识和学习的主动性减弱。部分思政课教师在教学工作中,安于现状,认为自身的知识水平已经足够完成课程教学的基本任务。因此,在平常的自我学习中放松了对自己的理论武装,原著、原文的阅读量大幅度下降,在一定程度上造成自身知识结构的固化,也削弱了思政课教师的科研能力。同时,部分高校思政课教师受家庭、学校等环境的客观影响,参加研修研学的次数减少,对时代动态的把握相对存在滞后性。此外,还有些思政课教师不重视理论知识的补充和完善,没有正确认识到自身职业的重要性,如果不采取有效措施创新教学方法,必然导致思想政教育趋于表面,其核心内容难以真正的传达给学生,学生对思政课的兴趣也会大打折扣,难以取得预期的教学效果。部分高校思政课教师认为思政教育没有创新的必要性,导致思政课教学陷入一种流程化的恶性循环,甚至会产生负面作用,使整个学科产生恶性循环,对于思政方面的学术研究也会产生负面作用。

三、高校思想政治"金课"教师队伍建设的有效措施

思政"金师"是思政"金课"规范运行的保障,如果没有"金师",就难有"金课"。想要打造新时代高校思政"金课",学校的思政教师需要有坚定的理想信念、精湛的工作能力和高超的教学艺术水平。思政教师要上好"金课",首先需要从自身出发,提升教师职业素养。

(一)强化高校思政课教师的素质能力

1. 深化政治思想学习,坚定正确理想信念

如何提升高校思政课教师队伍的整体水平和综合素质是党和国家面临的重要课题,习近平总书记提出,思政课教师必须具有较高的政治敏感,不断地坚定自身信仰,掌握从政治视角审视问题的能力,尤其是在核心问题方面坚定立场,保持政治清醒。对个体而言,信仰对行为具有决定性作用。高校思政课教师承担了弘扬马克思主义的历史使命,需要将马克思主义的核心思想和科学方法传递给学

生，引导学生坚定马克思主义信仰，坚定不移地走中国特色社会主义的发展道路。如果教师存在照本宣科、有口无心的问题；或者是网上网下、课内课外的言行不一致，在政治立场上摇摆不定，不但无法取信于学生，也会丧失作为教师应该得到的尊重和信任。让有信仰的人讲信仰是高校思政课教师的重要职责，只有自身坚定信仰，才能传递信仰。

马克思主义强调政治性与学理性相融合，思想政治属于马克思主义理论体系的一部分，因此在思政教学中也需要注重这个重要特征。思想政治课程不仅要传播知识，更重要的是要学生树立马克思主义的理想信念，要做到这样就需要思政教师在授课过程中将马克思主义理论进行系统化的讲述，传播知识，丰富学生的知识体系，而且在教育教学中也应该使学生真正感受到马克思理论中所蕴含的高尚理想信念，将理论魅力与伟大的信仰相结合，促进学生更好地成长。要完成这个过程，教师只有有信仰才能讲信仰，故而，高校思政教师建设必须要强化教师的党性，树立坚定的理想信念，不断提高政治修养，保持高度的政治敏感与政治清醒，只有这样的教师队伍才能真正在教育教学中传递信仰，才能将学生培养成有信仰的接班人。

在组织层面上，首先，在选任和考核思政课教师过程中，高校管理者必须将政治素养作为首要考虑因素，最大限度地保障所有思政课教师政治素养的坚定，保障政治立场。坚持较高的准入原则是保障思政课教师政治质量的前提条件，尤其是对业务能力较高的非党内专业人才，必须加强政治审查，在进入思政课教师队伍后还需要保障思想政治教育的持续性。其次，扎扎实实地贯彻思政课教师的培训工作，充分发挥"三会一课"的作用，提升党建水平，在保障质量的前提下发展入党积极分子，保障党员的先进性，充分发挥工农阶级"先锋队"的作用，保证思政课教师队伍中教师党员的高质量、高水平。最后，加强后备力量的培养，不断补充思政课教师队伍，通过为思政课教师队伍注入新鲜血液来增强师资力量。在教师的视角下，广大思政课教师必须以六个要的标准的严格要求自己，强化自身的政治立场，进而提升政治站位，时刻保持政治敏锐，尤其是在核心问题方面坚定自身立场。思政课教师需要广泛涉猎马克思主义经典著作，更深入地理解理论，进而坚定信仰，用先进的思想和理论武装头脑，在思政课堂教学过程中发光发热。

2. 强化专业理论武装，提高教学科研能力

思政"金课"教师必须具备较强的理论素养和业务能力。教师在讲授理论知识时，能否做到深入浅出、浅显易懂，教师本身的理论水平起着至关重要的作用。

教师要想灵活处理教学内容，必须具备扎实的专业知识和理论基础，积累广博的科学文化知识。教师不仅需要丰富的知识储备，还要具备把知识教给学生的能力因此，教师要重视积累自己的教育理论知识，提升自己的教学能力，努力做一名既有渊博知识，又擅长传授知识的优秀教师。教师的业务能力包括整合教学内容的能力、把控课堂的能力、交流沟通的能力和运用信息技术能力等多个方面。比如，在新时代，信息化技术快速发展，教师就必须要有一定的计算机基础，能够利用多媒体进行教学。提升教师业务能力的途径主要有两种，一是争取提升学历和尽可能多地参加校外培训。一方面，思政教师可以通过提升学历来提高自身的能力，另一方面，参加校外各级各类的培训，在学习中吸收新知识，掌握新技术，积累实践教学经验。二是紧抓校内学习提升的机会。学校一般都会开展各种教育教学活动，如"传帮带"活动，集体备课，同课异构活动，名师讲座等。"传帮带"活动，即有经验的教师一对一指导经验欠缺的新教师。集体备课有利于集中教师的集体智慧，在思维碰撞中找寻最佳的教学呈现方式。同课异构活动有助于帮助教师取长补短，打开思路，优化教学设计，提升教学能力。此外，思政教师会在思政教学名师的讲座交流中受到启发。因此，思政教师应该积极参加研修活动，夯实教学基本功，提高理论素养和业务能力。

在思政课教学过程中，思想发挥了基础作用，而教师则发挥了核心作用。思政课离不开深厚的学术能力和理论素养，只有不断地积累和深化自身功底，才能实现学术能力的持续发展。

提高思政课教师的专业理论知识，就必须加强思政课教师的学习意识。通过组织一系列相关的培训活动，利用各种有效形式，加大思政课教师培训力度，全面贯彻落实教育部提出的各项要求，尤其是选送业务骨干参加中央党校和马克思主义学院的培训，通过专题研修班的学习，以高标准要求自己，开阔自身的理论视野。鼓励高校思政课教师加强自我学习，不断提升学历程度，补充自己的理论知识，通过理论学习和实践的结合，组织开展各项调查活动，全面了解中国共产党在各个阶段的发展历程，在不同的对比分析中总结经验、梳理不足、强化优势，通过坚定"四个自信"为中国特色社会主义的发展提供思想保障，并将这种自信通过课堂教学传递给广大学生，引导学生形成先进的意识形态，坚定共产主义信仰和中国特色社会主义的发展道路。

3. 创新教学思维方式，营造生动、活跃的课堂氛围

就如何提升高校思政课教师的整体水平和综合素质的问题，习近平总书记提出，思政课教师在学习过程中必须加强思维创新，以辩证思维和唯物主义思维来

应对出现的问题，通过不断的改进思政课的课堂教学效果，激发学生的学习兴趣，帮助学生形成正确的信仰和意识形态，掌握先进的思维方法。习近平总书记提出的思维要新，其关键在于方法论的正确性，在方法论的指导下开展相关活动。目前，党和国家在这方面的工作主要集中在三个方面：第一，高校思政教师必须立足马克思主义理论的指导价值，在历史研究方面坚持辩证主义者和历史唯物观，由此更加深刻地认识到历史的发展趋势，实现历史和实际相结合的策略。此外，相关媒体还需要占领好舆论高地，切切实实地讲好"中国故事"。第二，在课堂教学过程中引入创新思维，通过新技术和理念的应用，"用好课堂教学"。第三，教师应该强化自我价值，满足新时代的发展要求，突出思政课堂教学的核心价值导向。通过教学创新，改善大学生的课堂体验，提升学生的政治水平，帮助大学生了解国际形势。

4. 加强职业道德素养，提高自身人格魅力与亲和力

对思政教师者而言，加强自身职业道德建设具有重要意义，社会发展和经济建设都离不开专业技术人才，而道德水平较高、德才兼备的教师才有助于正能量的产生，进而潜移默化地对学生产生影响，不断地向社会输出德才兼备的人才，这对于提升我国思想道德建设具有重要意义。首先，高校思政课教师必须认识到职业道德素养在教学过程中的重要性，通过提升自身人格魅力，在思政课堂上取得更好的教学效果。年轻教师应该积极自我学习，发挥中流砥柱的作用；年长教师则需要发挥自身的经验优势，在思政课开展过程中继续发挥余热。

德高为师、身正为范是高尚师德的表现，具有高尚师德的教师具有无与伦比的人格魅力，是高校"金课"教师的必备品质。高尚的道德修养与崇高的精神境界展现了教师的个人魅力与修养，可以成为学生的榜样。教师只有热爱学生、热爱工作，学生才能真正接受教师的教育，也会爱老师，成为和老师一样的人，这样的教师充满魅力与吸引力。教师热爱学生体现在以下方面：第一，关心爱护学生，专注学生的成长进步，在学生需要的时候提供帮助，尊重、信任学生，鼓励学生去探索去实践、去战胜困难与挫折。第二，善于发现学生的优缺点，鼓励学生发展优势与特长，对于缺点要帮助学生进行改正，不断提高学生的能力，促进学生的自我成长与进步。第三，为学生创造机会、实践活动，不断提升能力，让学生知道教师是爱学生的，是值得被信任的。教师都是从学生的角度出发，为了学生更好的发展。学生对于教师的尊重源于老师的品德与才华，学生会对学识渊博的教师产生崇敬之感，会自觉向教师学习，亲近教师，渴望成为教师这样的人，在无形之中学习教师身上的闪光点，不断学习知识以求进步。故而，高校教师应

该坚持以学生为主，关爱学生的成长与进步，发挥榜样作用，充当学生学习道路上的引导者和促进者。思政教师更应该时时关心学生的思想动态，帮助学生及时解决问题，培养学生积极健康的心态，度过愉快的大学时光。

（二）加强对高校思政课教师队伍的教育培训工作

如果要达到良好的教学效果，高校思政课教师必须不断地提升自身专业知识素养。高校要针对教师培养体系有一个完善的发展规划，助力教师不断成长进步，定期开展学科培训，不断加强与其他学校的交流与合作，提高教师队伍的整体水平与综合素质，打造一只专业能力强、业务水平高、师德师风好、结构体系合理、充满活力与创造力的教师队伍。

1.建立和完善高校思政课教师队伍的培训体系

新时代形势下，对教师体系的要求也越来越高，因此需要不断加强教师的队伍建设，提高教师的专业水平与综合素质。这就要求高校建立健全的培训体系，通过定期的培训与交流提高教师的专业水平和综合素质，也要体现对教师培训的针对性，针对教师的薄弱点进行有针对性的培训，提高教师的教学能力。对此高校可以建立三级培训体系，即校级全员培训、省级分批培训、国家级示范培训，层层递进，形成立体化培训体系，而且还要求高校不断丰富培训内容，改进培训形式，多方面、多角度地满足教师的成长需求。各级部门积极贯彻党中央的整体部署，由教育部统筹安排、组织开展一系列的教师培训活动，尤其是加强科研骨干的培养，为高层次思政课教师提供更多的培训渠道，扩展其发展空间。通过整合思政课科研骨干和干部培养机制，实现资源的统筹利用，提升了政治培养资源利用的合理性。要形成完备的培训体系流，建立"岗前培训—培训反馈—职业技能培训—培训反馈—职业再培训—培训反馈"的培训机制。

2.组织开展社会实践和学习考察活动

任何理论知识都必须应用到实践才能真正发挥其价值，所以高校需要组织开展相关的考察和实践活动，通过岗位锻炼来提升思政教育队伍的综合素质，切实加大高校思政教师队伍建设力度，推动我国高校思政课教育教学的发展。为实现高校思政课教育目标，高校思政课教师在参与社会考察和实践过程中，必须全面且充分地深入了解生活，充分掌握社情民情，唯有如此，才能更好地利用马克思主义的辩证思维和唯物历史主义来解决相应热点问题，树立教书育人的使命感和责任感，培养家国情怀。另外，要通过丰富多样的社会实践和学习考察活动，让思政课教师在实践体验中提升自身的价值认同，用自身的感受丰富思政课的教学资源，增强思政课教师的课堂信服力，达到说理与用情相统一，真正达到"以理化人、以情动人"的效果，以此实现在社会实践与学习考察中加强对思政课教师的培训目标。同时，依托社会各种实践平台和学习平台，强化思政课教师的理论底蕴，拓宽思政课教师的视野，进而为推动高校思政课教师队伍建设提供强大支撑。

3.开展继续教育，提高教师整体素质

要建设好高校思政课教师队伍必须要强化思政课教师的学习意识，各高校要积极利用线上线下平台，开展集中教育、网络教育等多种再教育模式，促进思政课教师不断提高自身素养，为更好地开展思想政治教育工作打下坚实的基础。与思政课教师队伍相关的部门与教师需要增加学习频次，积极组织并参加高质量的继续教育培训与外出交流活动，在交流中提升思政课教师队伍的认知水平。另外，高校要根据自身的实际情况，有计划地将思政课教师的培训工作融汇在平常的教育工作中，促进教与学相统一，进一步推进继续教育的工作实效考查，以文字的形式反馈再教育的成果。

（三）深化高校思政课教师队伍建设的管理改革

1.健全教师遴选机制和退出机制，严把入口关与出口关

完善的机制是思政课有效开展的前提和保障。深化新时代高校思政课教师队伍建设的管理改革就必须保证优秀思政课教师进得来，并且要及时清退不合格的思政课教师。因此，要不断完善思政课教师的遴选机制。做好思想政治理论课教师的遴选工作，而这正是高校思想政治教育的关键所在。各级教育主管部门及高校单位，必须贯彻落实习近平总书记提出的六点要求，坚持优中择优的原则，不断充实我国思想政治教师的队伍，提升思政课教师队伍的整体水平和综合素质。

首先，建立完善的选拔和培养机制，一方面确保思想政治教育信息来源的可靠性，另一方面不断改善教学质量。高校需要优化高校思政课教师的结构，提升专兼职比例的合理性，建立作风优良、数量稳定及专兼融合的教师团队建设。其次，建立完善的思政课教师通道，推动高校思政教师团队的自由流动，提升自身的号召力和吸引力。再次，通过良好的评价机制来考核相关从业人员的工作情况。通过制订和完善评价指标体系，提升绩效工作的科学性和合理性。最后，要健全流动退出机制。实行合理流动和转岗分流相结合，拓宽教师退出渠道和完善教师队伍退出保障体系。另外，对于无法适应新形势下的思政课教师要按照程序进行清退，保证思政课教师队伍的先进性。

2. 稳步扩大教师队伍规模，调节师生比结构

部分高校现在高校面临学生多，教师少的问题，教师承担着课业负担重，科研任务重、课时紧张的问题。对思想政治教师队伍进行扩大刻不容缓，高校应该按照1∶350的师生比例来安排教师岗位，在当今人才就是资源的大环境下，要积极引进优秀的教师人才。第一，可以适当降低人才引进的标准，面对优秀的教师可以适当降低标准，注重教师的学习能力和综合素质。第二，不断扩大人才引进的渠道，积极联合当地政府、科研所等面向社会进行招聘。第三，尽可能多地引进人才，为人才争取优厚的待遇，良好的晋升渠道，吸引人才在校长期发展。

3. 建立思政课教师队伍部门协同机制，增强思政课的实效性

思政课程是高校思政工作中必不可少的一环，具有不可代替的作用，思政教师队伍建设显得尤为重要。在当前高校思政教师队伍匮乏的情况下，建立思政课程部门协同机制显得尤为迫切。为此高校应该从以下几个方面入手：一是高校要为教师提供长期的发展机制，让高校教师有一个系统地成长渠道，高校要不断搭建和完善教师成长平台，拓展发展空间，形成有针对性地发展模式，实现可持续性发展。高校也要打破制度上的桎梏，打破轻教学重科研的格局，对于教师队伍中存在的应付教学问题，及时跟进，解决这个问题，使教师热爱教学，不断激发教师创造与教学的激情与热情。二是高校要保证教师的科研环境，确保教师可以安心、专心投入科研，不受其他限制，才能最大限度地激发教师的科研能力，不断提高业务能力和综合素质，进而提高整个教师队伍的水平，保证思政教学工作的顺利开展与进行。三是建立与其他学科的联系，加强各个学科间的沟通与交流。要对其他专业教师进行思政教育培训，使其他学科的教师明确思政的重要性，将思政与其他课程相联系，挖掘课程中的思政元素，做到"课程思政"在本学科的运用，将思想政治教育贯穿于学生整个学习过程，实现全员育人。同时，要协同高校校园文化建设，将思政元素融入其中，通过课内外互动、理论与实践相结合实现全方位育人。

4. 建立健全师德师风长效机制

师德师风是教师的职业道德的体现，因此要提高高校教师的职业道德与理想信念，提高思想政治素质，提高诚信意识，建设一支高水平的、为人民服务、让人民满意、忠于党和国家、忠于人民教育事业的思想政治教师队伍。高校在建设这样一支队伍的时候应该从以下几个角度入手：首先，坚定高校教师的政治信仰，让高校思政教师有信仰，只有真懂真信才能真教，要不断学习最新的理论知识，与党中央、国家在政治方向上保持一致，保证在根本上不偏离，高校也可以在引进人才的时候突出政治立场。其次，要有针对性地对教师的师德师风进行考核和评价，建立教师的师德师风个人档案，对出现师德师风问题的教师给予严格的惩罚，严抓师德师风建设，高校也需要定期进行师德师风的培训，开展理论学习，不断增强思政教师的榜样作用和师德站位，对于师德师风高尚的教师给予鼓励，起到榜样带动作用，使思政教师队伍在师德师风方面不断向好的方向发展。

第二节　高校辅导员队伍的建设

在大学生的生活和学习过程中，辅导员扮演着不可或缺的角色，而对于学生的思想政治教育，更需要辅导员发挥自己的聪明才智。辅导员自身的思想政治教育能力将会直接或间接影响着学生的素质与能力，然而从当下各高校的思想政治教育情况来看，许多辅导员并没有充分履行好本职工作，开展的思政工作仍需完善，辅导员队伍建设仍需进一步加强。

一、高校辅导员开展思政教育的特点

（一）工作模式繁杂性

高校辅导员与学校其他工作者进行比较，其工作责任与工作任务更多、更复杂，不仅需要关注大学生的日常思政教学工作，而且还要负责大学生在大学期间所有日常管理，与此同时，还需要为大学生做好服务。由此可见，高校辅导员工作呈现出学生教育、学生管理和学生服务汇集为一体的特点。高校辅导员工作任务非常烦琐复杂，比如组织学生开班会、和大学生沟通谈话、三好学生评比及奖助学金的评比。其次，大学生在学校期间所有思政工作均需要依靠高校辅导员，还要负责大学生的日常思政"金课"教育，需要培育大学生的德智美体劳综合发展。基于此，大学生在学校学习和生活的各方面，均是辅导员进行工作的范围，不仅包含思想领域，而且还包括日常生活领域，均需高校辅导员的参与，由此可见，高校辅导员工作融入大学教育的各个方面，涉及学生生活与学习的点点滴滴，从而能够感受到高校辅导员工作的烦琐复杂。所以，高校辅导员展开的思政"金课"教育工作具有非常显著的复杂性。

（二）工作行为示范性

根据国家的具体要求，高校辅导员承担着培育大学生，使其具备优秀政治信

念及思想品质的关键任务。大学生群体会将辅导员作为自身成长发展进程中学习效仿的榜样,他们是能够代表正确理念、政治价值与道德素养的人。高校辅导员对思想理念孜孜以求、对科研专心致志、对事业废寝忘食的态度,以及高校辅导员的政治素养、思想文化均对高校学生群体的思想、理念、情感、文化、能力的养成有较大的影响。高校辅导员自身具有的人格魅力及行为举止均能够成为教育、影响现代学生的有效方式,形成其展开工作方法的主体性机制。社会对高校学生群体期望的道德修养、思政品质往往需要通过辅导员自己的认识与了解,随后根据有效途径与载体向学生传递,将社会的希望与要求给予学生,这呈现出高校辅导员工作方式具有的主体性特点与示范性特征。

(三)工作对象能动性

高校辅导员工作不仅具备时间层面的连续性特点,而且还具有空间层面的延续性特点。换言之,高校辅导员具体工作时间是连续的,而且大学生和辅导员的沟通对话亦是随时随地都可能出现。即便在日常休息或者节假日中,学校均可能利用这些时间开展娱乐活动或思政"金课"教育等,由此可见,高校辅导员担任的责任很重,比如在军训及社会实践期间,高校辅导员要连续上班。另外,高校辅导员还需要不定时解决学生出现的突发事件及问题。而且思政教学工作不存在固定的教育套路、没有固定规律,如果只根据前人做法进行学习,就好似刻舟求剑产生的效果一样,循规蹈矩,缺少创新,会在一定程度上影响高校思政教学工作的实用性和有效性。思政"金课"教育身为一项具有艺术性的课程,无法脱离辅导员的尽心尽力,由此可见,高校辅导员在思政教学工作中具有的重要作用。

二、思想政治"金课"教学对高校辅导员工作的启示

(一)坚持以人为本的基础原则

以人为本是我国社会发展观的中心,亦是思政"金课"教育的重点所在。注重坚持以人文本,即要求高校辅导员和大学生创建平等和谐的师生关系。在此种关系背景下,高校辅导员与大学生均是思想政治教学针对的主体,并且处于平等位置。因此,高校辅导员不可以将大学生看作单一的客体或者被迫的接纳者,将自身看作道德规范标准的权威,需要将高校大学生看作和自身站于同一位置的个体,是有思想、有情感、有理念且具备平等沟通权力与机会的一个主体。在这一前提下,高校辅导员和大学生互动交流才可以体现出应有的价值和意义,唯有如

此才能够全面发挥大学生存在的自主性、创新性及能动性。坚持以人为本这一理念，就应当要求高校辅导员充分了解并掌握大学生的实际需求。需求是理想、情感、信念、价值观与思想的基础，高校辅导员唯有全面掌握大学生的实际需求，尤其是了解大学生的精神需求、内心需求和社会综合需求，真正做到思学生所思、想学生所想，和大学生群体平等和谐相处，这样高校辅导员和大学生的互动沟通才有价值、有意义、有深度，才可以真正地去关爱学生、尊重学生、发展学生、开发学生的内在潜能。

（二）全面了解大学生现实生活

思政"金课"教育根据主体和客体的沟通交流来培育具备良好道德品质与思想价值观的学生，现实生活多姿多彩，人生活在这一世界中，均体会到酸甜苦辣的滋味，皆存在是非对错、善恶真假等各种观念。对于思想道德、政治理念均存在各自见解和看法，而这部分体会、观点和看法均是教育者和受教育者展开平等沟通及情感探讨的思想基础。英国某一知名哲学家曾经说到，教育只存在一种教材，即是生活的所有方面。所以，高校辅导员需要真正进入教室、学生公寓、食堂，以及校园操场等大学生日常生活经过的所有角落，关注高校大学生的日常学习和生活，真正走进大学生的生活世界和精神世界。如此高校辅导员和大学生的沟通、对话才会具有丰富多样的内容。除此之外，高校辅导员应当将大学生的日常学习与生活看作思政教学开展的基础与入手点，从大学生的日常学习和生活中吸收思政"金课"教育具有的精髓和养分，及时解答大学生在日常生活与学习中面临的各种现实问题，将大学生的个人需求与社会责任进行有机结合，进而真正做到教育和生活的完美融合。

（三）重视语言沟通的艺术性

在思政"金课"教育中，交往性非常重要，但是如果想真正实现交往与沟通，语言是一个非常重要的方式和工具。思政"金课"教育是将主体人作为实时对象，是一种人与人之间的交往活动，是人和人主体相互间心灵展开对话、灵魂进行碰撞，亦是教育者和受教育者主体相互间根据沟通和互动达成某种意义共识及德行共进的一个活动进程，并不是简单道德理论知识和理想文化信念的教授与积累。现代高校大学生逻辑思维十分活跃，具有极强的自我意识，个性化特点鲜明，而且在高校内部还存有部分家庭经济条件较差、厌学、思想存在困惑、心理扭曲的大学生群体。针对不同个性的高校学生，思政"金课"教育要求高校辅导员更为重视语言交流的艺术性，应当利用动之以情、晓之以理的方法，用自身真诚友善的情感去感染大学生，与学生在沟通的过程中，提升其思想品德素养，提高满足感、自豪感及幸福感。

（四）有效发挥价值的引导作用

在思政教育教学过程中，高校辅导员与大学生皆处在主体位置，是两个主体相互间存在的关系，他们具有平等沟通探讨的权利与机会。高校辅导员与大学生身为主体，关系与地位均是平等的。然而并不代表高校辅导员与大学生身为主体二者完全相同，他们在本质上是存在一定差异的。现代大学生向往理想、自由、渴望成长发展，正处在"三观"养成与变化的重要阶段，具备极强的可塑性与创造性。而高校辅导员已具备一定程度的知识储备量，有着非常丰富多样的社会经验及极高的道德水平，是现代大学生思政教育与管理工作的重要组织人员、实施人员及指导人员。高校辅导员担任的责任，即是做好专业课程知识教学以外的思政教学工作，让大学生的道德品质和思想素养达到社会需求的高度。众所周知，高等院校是培育人才的主要场所，高等教育的主要目标，即是让学生变成德、智、美、体综合发展，且为我国社会主义建设发挥力量的建设者与接班人。优秀的建设者与接班人最主要的要求就是政治优秀、思想优秀、品德优秀。因此，高校辅导员在与大学生展开沟通交流过程中，应当充分发挥好自身具有的价值指导作用，应当利用自身的文化知识、生活经验及人生感悟，教会大学生怎样做人、怎样做事，为其日后发展奠定牢固基础。综上所述，辅导员为大学生思政教学及学校顺利工作做出极大贡献，同样党与国家亦对高校辅导员给予十分深厚的期望。在现代新形势发展背景下，思政教育对辅导员工作提出更高层次的要求，辅导员需要充分掌握学生思政教育的发展规律，持续强化学生思政教学的目的性、针对性及有效性。

三、高校辅导员思政教学工作现状

（一）师生沟通程度有待加强

在高校开展思政教学中，最关键的是辅导员与学生之间要有有效沟通，然而现实情况并非如此，在更多时候是辅导员只同班长等在班内担任职务的同学有着频繁的沟通，和普通学生却缺少足够的接触和沟通。所以在很多情况下辅导员开展的思政工作极为有限，虽然辅导员开展的思政教育是面向全体成员，但很容易遭到学生的排斥,所以在现有的思政教育活动中,辅导员与学生的沟通得不到有效提升,会导致思政教育看似开展的十分热烈,实则成效不佳。所以辅导员与学生之间能否存在合理沟通显得尤为重要,这里的沟通不仅仅是辅导员与学生面对面的交流,作为高校辅导员,一方面通过团课、思政课对学生进行思政教育,另一方面更要关注学生的日常行为是否真正践行思想政治教育所明确的人生"三观"。

(二)专职思政工作重视程度较低

高校辅导员在开展学生的思政教学过程中,另一个问题是其专业程度较低。众所周知,高校辅导员大多是来自不同学校、不同专业的硕士研究生,由于其具有较为复杂的学科背景,因此其对于思政教育而言,专业化程度较低,如果再没有经历过专门的思想政治教育培训,辅导员对学生进行思政教育也会显得疲软。此外,在高校现行体制下,辅导员除了承担学生的思政教育,更要承担院系大量琐碎的行政工作,辅导员会把大量的时间和精力放在行政工作上,对学生的思政教育会显得略微不上心,这样一来,高校辅导员专业化程度会大大降低,也使得高校辅导员队伍建设被弱化,更容易造成高校思政教学缺乏专业指导,学生所获得的思政教学也十分有限,因此高校辅导员专业思政的工作,需要被重视起来,加强辅导员专业化建设。

(三)思政内容未能联系学生实际

随着社会主义进入新时代,高校的思政教学内容也在不断地发生变化,在现有的教学体系中,辅导员的辅导往往基于现有的思政教材,而忽视了社会的发展状况和学生的实际需要,以至于内容更新缓慢滞后。虽然在辅导员层面能够接收到党和国家最新的方针政策的培训,而且辅导员也能把这些内容对学生进行传达教授,但是这种教学往往局限于表面或者流于形式,忽视了把思政内容同本学校、本学科的具体实际相结合,学生的学习往往也是学到皮毛,并没有深入其中。因此,这种思政教学的内容与学生实际脱节,严重阻碍了学生的思政教学,也不利于高校辅导员队伍在思政教学领域的进一步发展。

四、思政工作下辅导员队伍建设措施

在新时代学生思政教学的过程中,面对种种问题,高校辅导员更要努力提高自身素养,要增强自身的思政教学意识,提升思政教学能力,所谓"打铁还需自身硬",也只有当辅导员自身具备良好的教学能力和教学功底之后,才能够更好地为向学生传递知识，除此之外，针对现有思政教学疲软的困境，高校辅导员仍需要在如下方面进行努力。

（一）完善师生相互沟通机制

师生之间应该形成一种良性的沟通互动，从而帮助辅导员深入掌握学生的思想变化，为学生个人的成长与品格养成提供"一对一"指导，除此之外还能够让辅导员进一步找到自身的思政教育的不足之处，为辅导员进一步开展思政教育奠定良好基础，所以高校辅导员要格外重视师生之间的相互沟通，要让这种师生沟通形成一种良性循环。

首先，辅导员要建立起定期沟通机制，辅导员应当对自己进行严格要求，每周、每月要与多少人进行谈话，争取每个学期与所管辖的全部同学进行一次谈话，除此之外还要进行不定期交流，真正能够了解同学们的思想动态，为辅导员开展后续工作提供便利。其次，辅导员要鼓励大家为自身的思政教学提意见，考虑到许多同学的羞怯心态，辅导员可以适当采取匿名提意见的措施，在不违背教学基本精神的前提下，可以采取学生比较喜欢的方式为同学们上好每一堂思政课，真正实现寓思政教学于日常所乐。最后，辅导员还要成为专职老师与学生之间的沟通桥梁，在大学里，更多专业化的思政课是由"马克思主义学院"的专职教师所讲授，但学生往往与这些教师存在隔阂，辅导员要充当二者之间的桥梁，为推动思政教学的深化贡献力量。

（二）推动辅导员专职化建设

要想加强学生的思想政治教育，更应当推动高校辅导员队伍的建设，辅导员和思政课教师同属于"大思政人"，价值主体相同、追求目标一致，其职业化、专业化、专家化建设也是党和政府对两支队伍的共同要求。因此就学校层面来说，更应该推动辅导员队伍的专职化、专业化，辅导员具有差异化的学科背景，学校应当多为辅导员开设培训内容，首先，要让辅导员的思政教学专业化，只有当辅导员变得专业了，他们在从事思政教学的过程中才能够更加专业。其次，辅导员还应当充分结合自身学科背景与所带学生的学科背景，把思政教学变得专业化与特色化，更能让学生接受。

高校还应当让部分辅导员"去行政化"，甚至可以把辅导员分为两类，一类是行政性质的辅导员，一类是思想教育性质的辅导员，让行政性质的辅导员专注于对学生行政事务的处理，让那些思想教育性质的辅导员从事学生的思政教学工作。这样一来，通过对辅导员性质的分类，能够真正实现辅导员各司其职，既满足对学生思政教学完善的需要，又能够进行高校辅导员的体制变革，让辅导员队伍建设更加专业化、职业化。

（三）加强思政课程内容建设

完善学生的思政教学，更要注重对思政课程的内容建设。讲授什么样的思政内容？这些内容是否真正贴合学生的现实需求？无不考验着辅导员队伍的教学功底，因此高校辅导员在具体讲述思政内容时，要注重把思政内容同学生的现实需求相结合。譬如当学生面临就业的困境时，辅导员在进行思政教育时，要充分注重对学生就业观的明晰，树立先就业再择业的观念，真正把思政教学内容与学生的现实需求相结合，也只有这样的思政教学，才是深受学生喜爱且能够发挥最大价值的思政课程。

此外，在互联网多媒体技术发展迅猛的今天，高校辅导员还可以充分搭建新媒体网络信息平台，创建和持续完善新载体的管理机制。辅导员应当通过互联网最大限度的获取知识，从而进一步更新思政教学的课程内容，推动思政课程内容更具有时代气息。此外，党和国家的政策也在不断更新完善，高校辅导员作为思政课程的传播者与讲授者，更应当不断丰富和完善自己的授课内容，紧跟理论与实践的前沿，真正实现思政教学为学生所喜爱、为学生所应用，而这也正是高校辅导员队伍建设的关键一环。所以在新时代的今天，伴随着思政工作的重要性不断加强，各高校更应该不断加强学生的思政教学工作，通过进一步完善师生相互沟通机制、推动辅导员专职化建设、加强思政课程内容建设等措施，进一步创新学生思政教学的思路，从而促进高校辅导员队伍建设，为高校思政教育增光添彩。

第三节 高校大学生的良好参与

一、高校大学生的主体性发展概述

大学生的主体性发展是大学生良好参与思政"金课"教育的必须条件，高校思政"金课"教学的教育对象是大学生，厘清主体性和高校思政"金课"教学中大学生主体性的概念是研究高校思政"金课"教学中大学生主体性的理论基础。

（一）主体与主体性

对于主体的定义，在哲学领域大致归类为两种说法，一种是本体论，这种说法认为主体是一切事物的物质承担者，承担着事物的状态、变化、关系、属性等，这里的主体类似于实体的概念，所有世界上客观存在的人和事物都可以担任主体的角色。如亚里士多德认为主体即本体，他把第一实体看成其他一切事物的基础和主体。另一种是认识论意义上的主体，它是相对于客体而对应存在的一个概念，"主体是人，客体是全世界。"这种说法中的主体具有主观能动性和自觉选择性，在社会实践中发挥主体作用，主客体的关系是在对象性的活动中建立的。主体的实践活动既包含精神性活动也包含物质性活动，人就是主体，既是认识的主体也是实践的主体，是认识活动和实践活动的承担者，在实践过程中与客体建立联系，在实践中通过主观能动性和自觉选择性占有支配地位。

主体独有的属性就是主体性。第一，主体性是人特有的属性，主体只能是人，限定人而存在，故而只有作为主体的人才具有主体性。第二，主体性体现在主客体的相互关系中，体现在认识世界和改造世界的对象性活动中。第三，主体性表现在主体具有主动创造性、自觉选择性与创造性，人可以积极主动地去认识世界、改造世界，也可以自己选择何种方式去认识世界和改造世界。人自身对于自我的重视、探索促进了主体性的发展，人是在实践活动中认识和改造客观世界的，主体性就是在这个过程中通过主观能动性、自觉选择性、创造性表现出来。所谓主观能动性指的是人可以在实践活动中主动地认识客观世界，在认识的指导下可以能动改造客观世界。自觉选择性指的是作为实践主体的人可以根据自己的喜好来进行实践活动，是认识自我、发现自我、渴望自我支配的觉醒。创造性指的是对现有状况的一种改革创新，不断推动世界的前进，主体性的高级表现形式就是创造性。

（二）高校思政"金课"教学中大学生的主体性

高校思政"金课"教学中大学生主体性是指在高校思政"金课"教学过程中，大学生作为主体参与到理论教学和实践教学的过程中，通过教师的适当引导，大学生与教师进行平等有效的互动沟通，在整个思政课教学过程中表现出来的对知识信息的能动性选择、自主性接收和创造性加工等功能特征。具体表现在以下几个方面。一是在思政课教学过程中表现出的主体意识，如对自己主体性地位的明确认知、主体意识的自我觉醒等。二是在教学过程中展现出来的主体能力，如对教学内容的理解、对所接触信息的筛选、对自己内心不认可的内容的讨论、质疑等。三是在现实生活中对所学理论知识的创造性应用，如将所学知识应用于社会主义的建设，在国家建设中将所学知识外化于行等。总的来说，高校思政"金课"

教学中大学生主体性是指在高校思政"金课"教学过程中,大学生在学习过程中表现出来的自主性、主动性和创造性。

高校思政"金课"是指面向大学生通过课堂和实践双结合形式开设的一种显性、直接的理论形态德育课程。这种德育课程与中小学的德育课程有很大不同,主要是通过教育使得学生能够达到对马克思主义更高层次地认同和理解,反过来这种认同又会使得学生热爱思政课,使思政课取得双倍效果。陈桂生强调,思政课教师主导作用发挥程度需要以学生主体性能否得到有效发挥为标准,教师要能够利用多种力量帮助学生有深度地自主学习,并使得学生能用合理的话语表达对马克思主义的理解,增强其理论认同。陈桂生在教师和学生的关系方面提出,课上学生主体性是否能得到发挥对教师教学过程中的积极性也起着很大作用的。

教育部印发的《新时代高校思想政治课教学工作基本要求》中强调,新时代思政课的主要目标就是加快进行改革,改革不合时宜的教学方法,以不断满足学生需求,促进学生成长为追求目标,加强过程中的互动,最大限度地激发学生学习兴趣,保证思政课能够使学生拥有获得感。在这里,我们将思政课学生主体性理解为学生的自主性、选择性、能动性、创造性,具体表现为自主学习马克思主义理论等经典著作,提高主体性意识,并能够自觉把理论与自身的实践相结合,把思想转换为行动。自主性是学生发挥主体性的首要特征,指在高校思政"金课"教学过程中,学生以积极的学习态度,有意识地、有目的的参加相关的实践活动;选择性是学生发挥主体性的重要特性,是学生根据自身需求自发地选择思政课上学习的内容与方法,发自内心并主动参与思政课教育教学活动,同时能够明确自己通过参与该项活动所要达到的目标;能动性是个体对学习内容的自我建构性,指学习可以利用意识能动性,理解知识并且知道自身的认知特点与不足,通过分析不断提高认知能力,避免不足扩大化,增强其主体性;创造性是学生发挥主体性的最高层次的表现,是指在思政课的学习中,学生能够摆脱固有思维的困惑,以新的视角去分析各类现象所存在的问题,并可以运用自己的方法创造性地处理和解决问题。

简言之,思政课学生主体性就是指学生有学懂弄通马克思主义的主观认知,并可以在教师的正确引导下,再加深对思政课的理解,主动完成学习。在课下,学生可以运用网络了解时事政治、参加相关主题讲座并且能够创造性地提出问题,与教师、同学进行探讨。总之在整个教学过程中,教师可以完成自己任务并做好引路人,学生可以在教师的引导下走好路,以完成教师主导性与学生主体性的统一。

二、高校大学生良好参与的必要性

（一）是贯彻"以人为本"教育理念的需要

学生主体性是"以人为本"教育理念的具体体现。在当今时代，以人为本是高校思政"金课"对大学生进行思政教育必须要坚持和贯彻的基本理念。

思政课贯彻以人为本，要知道人是谁，要认识到课程中的大学生是实践和价值的双主体。如何做到以学生为主体？就要和学生用心相处、真心教学，从学生出发，以理论为基，全面满足学生的物质、精神需要。教育兴则人才兴，教育强则国家强，这是国家在教育领域一直强调的观念。从中华人民共和国成立到改革开放再到现在的新时代，教育的根本性问题就是"为了谁"，为此国家颁布了一系列文件与政策。2014年教育部印发了《关于全面深化课程改革落实立德树人根本任务的意见》，在文件中明确提出以培养全面发展的人为核心深化课程改革，以学生为本，使学生具有主体意识，在学习生活中可以自己管理自己的事情，促进学生核心素养的发展与学生能力的提高，在实践中不断学习，提高自主创新能力，不断学习人文、科学等领域的知识，促进自身理论知识的丰富，不断实现个人价值，为社会进步与发展贡献自己的力量。习近平总书记强调教育要"为人民服务，为中国共产党治国理政服务，为巩固和发展中国特色社会主义制度服务，为改革开放和社会主义现代化建设服务。"[①] 新时代高校高等教育要时刻以"四个服务"作为工作追求，当然为人民服务的职能首当其冲。改革开放以来的实践证明，我们党带领并依靠人民不断取得一个又一个阶段的伟大成就，是只有依靠我们广大人民群众才能取得伟大事业的成功。新时代的青年学生就是明天的建设者，他们拥有无穷无尽的力量。思政课作为引领大学生价值观形成的关键课程，要履行关心青年学生成长的重要责任，贯彻以人为本的理念，打牢思政课的精神根基。马克思曾指出"人们所奋斗争取的一切，都同他们的利益有关。"[②] 思政课要帮助学生正确理解国家利益的含义，引导学生成为为国家、为社会贡献力量的有用人才。

（二）是办好思政课的需要

高校思政"金课"传播马克思主义意识形态，用马克思主义立场、观点、方

[①] 习近平在全国高等思想政治工作会议上强调：把思想政治工作贯穿教育教学全过程 开创我国高等教育事业发展新局面 [N]. 人民日报，2019-12-09.
[②] 马克思. 恩格斯. 马克思恩格斯全集[M]. 中共中央马克思恩格斯列宁斯大林标注作编译局，译. 北京：人民出版社.1956.

法引领学生"三观"的形成,这是思政课最基本的职能。学生对马克思主义真理的追求是办好思政课的重要保障。

党的十八大、习近平总书记的系列讲话、国务院教育部等部门印发的文件都表明了高校"金课"改革的重要性、迫切性与必要性。2017年2月中共中央、国务院就印发了《关于加强和改进新形势下高校思想政治工作的意见》,文件指出高校要改革思政课程,使思政课程变成"金课",因此高校要加强马克思主义学院的建设力度,不断建设马克思主义理论与研究教育的平台,打造高校舆论阵地,守好思想防线。对传统的课程进行改革,就是要改变以往授课教师讲、学生被动听的模式,要让思政课程变得有趣生动。高校思政课程可以在课前引入精读环节,让每个学生参与进来,就本节课程的内容理论进行精读,引导学生自己思考、自主学习,在一系列活动中让学生理解马克思主义,树立坚定的理想信念,使马克思主义成为学生内心的理想信念与旗帜。要调动学生的积极性、主动性,让学生从被动学习变为主动学习,只有充分发挥内在动力才能真正地去学习、去了解、去信仰,才能真正地内化于心,外化于行。当代大学生要成长为理想信念坚定、政治立场明确,有理想、有道德、有文化、有纪律的"四有"新人,为中华民族的伟大复兴做出自己的贡献,成长为社会主义事业的建设者和接班人。

(三)是大学生成长成才的需要

以学生为本的思政课是促进学生成长成才的内在动力,是思政课建设一以贯之的目标追求。在我国,拥有"四个自信"是当今社会合格人才的显著标志,是高校思政"金课"的主题,是改革开放以来思政课建设的核心目标。邓小平、江泽民、胡锦涛等历代领导人都十分关心青年人的成长,对高校如何进行思政教育都做出过明确指示。习近平总书记在学校思政课教师座谈会上提出,"思政课是落实立德树人根本任务的关键课程。"[1]大学生群体是在互联网中成长起来的,他们心智不成熟,"三观"尚未养成,需要教师加以引导,否则会对大学生的成长造成不良影响。

今天,我们在走自己的特色高等教育道路,我们深知重视教育、重视人才,才能实现我国人才强国的发展战略。高校思政"金课"教师是立德树人的"工程师",思政课教师能否充分调动学生的积极性,增强学生自我认同感决定着教育作用的发挥强弱,这也就决定了思政课教师必须要充分调动学生在"第一课堂"

---

[1] 习近平在全国高校思想政治工作会议上强调:把思想政治工作贯穿教育教学全过程 开创我国高等教育事业发展新局面 [N]. 人民日报, 2016-12-09.

及"第二课堂"的主体性。思政课教师要以"情怀"为内在指引,以"以人为本"的教学理念为职业目标,用崇高的人格感化学生,以坚定的信念带动学生,用家国情怀感召学生,以辩证思维引导学生学深悟透,讲学生爱听的思政课,使学生有所得;在生活上要关注学生的思想状况,肯定、欣赏、鼓励学生,帮助困难学生,用爱心使大学生学有所得,收获满满的知识,提升学生获得感,做思政课创新的"引路人",承担起教育大学生成人成才的历史重任。大学生是社会中最有希望的群体,培养他们成才,是党领导下的思政课建设的重点,必须精心引导和栽培养新时代大学生坚持"四个自信",自觉承担起实现伟大复兴的历史重任。

三、高校大学生主体性缺失的表现

思政"金课"理论教学经过改革,已经在多方面取得显著成果,尤其对大学生主体性培育和发挥的认知有很大的改善,也取得了可观的成绩,但仍然还有许多需要改进的地方。理论教学中大学生主体性缺乏的表现为:理论教学中强调教师主导性而忽视学生主体性;偏离学生的需要单向建构理论教学内容;理论教学模式单一化致使师生缺乏交流;理论教学的评价机制不健全。

(一)教学中强调教师主导性而忽视学生主体性

教育是一种双向互动的教学活动,教师是教的主体,学生是学的主体,学生主体性的发挥是教学的最终追求,通过发挥教师主体性引导,学生的主体性才能充分发挥出来。然而,现实理论教学过于强调教师主导性,从而忽视了学生主体性。

首先,教师中心论决定了教师在思政"金课"理论教学中的绝对领导地位。传统教育观念中,教师是绝对的主导者,整个教学过程的组织和实施,都是由教师来完成,学生则是服从者,学习行为完全依附于教师主导,对教师传授的知识被动性、机械性的接收。即使是在今天的思政"金课"理论教学中,教师中心论的影响依然存在,听话、服从师命的学生依然是绝大部分教师喜欢的。这种重教师主体、轻学生主体的教学模式在思政"金课"理论教学中普遍存在,且长期服从于教师权威之下,对知识的被动接受,学生学习的积极性逐渐消失,阻碍其主体性的发展。

其次,教师的主导地位淡化了学生的主体意识。主体意识是一个人能否正确发挥主体性的前提,是主体性初始阶段的基础表现,因此主体意识对于主体性的发挥起了至关重要的作用。在思政"金课"理论教学中,教师对主导作用的把握不准确,导致教师主导地位太强而淡化了学生的主体地位,学生逐渐思想懒惰,过度依赖教师，教师教什么知识，学生就接受什么内容，在正常的要求范围内有些学生没有从自身需要出发去选择接受知识，而是被动地去接受知识，有些学生甚至不知道自己需要什么，机械地投入学习过程中，主体意识伴随主体地位而淡化。

最后，学生的主体能力在长期被动地位中丧失。在理论教学过程中，学生的主体能力体现在为了满足自身知识结构的需求而进行主动学习的能力。主体能力依赖于主体地位和主体意识而产生。主体能力的培养是主体性发挥的先决条件，在现实理论教学过程中，教师大班授课，全程讲授，学生被动听讲，几乎全程与教师没有互动，在教学过程中没有任何参与，长期固定的教学模式中，大学生主体意识长期淡化，学生在教学中的主体能力丧失，学生的主体性也无从谈起。

（二）偏离学生的需要单向建构教学内容

理论教学内容的设计至关重要，然而在具体的思政"金课"理论教学的开设中，教学内容出现了片面的单向建构问题，从而影响了大学生主体性的发挥。

首先，思政"金课"理论教学只注重教学内容的推进而忽视了大学生的成长规律。大学生群体一般都是十八岁以上的成年人，他们有着这个年龄的思想特点与成长规律，对于知识的接受方法也伴随成长规律而改变。相比于懵懂的中学时代，这个阶段他们的思想几近成熟，表现出由单一化向多样化、由同一化向个性化、由幼稚向成熟的转变规律。对于思政"金课"理论教学所传授的知识内容，他们也不再表现为被动地接受，而是渴望主动提升、有强烈的被认同需求。然而当前思政"金课"理论只注重教学内容的讲授，教育内容的设计也只注重"要他们形成什么样的观念、成为什么样的人"，而不是根据他们的成长规律设计，没有关注到"他们想形成什么样的观念、成为什么样的人"。

其次，理论教学的内容只注重社会需要而忽视了大学生的个体需要。进入大学，伴随着心理和生理的成熟，大学生逐渐走向独立，个体的自我认知程度和社会化程度不断提高，逐渐明白自己想要什么，开始主动规划自己的人生，表现出多样化、个性化的趋势，个体需要越来越强烈。然而，思政"金课"理论教学内容以促进学生意识形态的转变、培养国家和社会需要的人才为主，大学生个性化、多样化、渴望被认同等个体需要长期被忽视。理论教学内容中，大学生的个体需要与国家和社会需要之间的矛盾没有得到解决，学生长期机械地适应社会需要而忽视了自身的主体需要，从而主体性的发挥受到影响。

最后，理论教学内容只注重大学生群体的共性而忽视了大学生个体的个性。

在我国,"社会本位"思想源远流长,思政"金课"理论教学内容过度注重国家理论与社会利益,注重群体性而忽视了学生的个体性,个体的实际需求和个性特征往往被忽视,不利于当代大学生的个性化发展需求。从大学生的成长规律来看,这一阶段的大学生更喜欢表达和展现自我、追求个性发展,而思政"金课"理论教学内容过于强调集体奉献精神,长此以往,学生的个性被磨灭。思政"金课"理论教学内容只注重共性的单向建构,不利于培养具有独立人格的社会主义接班人,不利于学生个性化和主体性的提升。

(三)教学模式单一化致使师生缺乏交流

教学模式对整个教学过程有指向性作用,思政"金课"理论教学在具体教学过程中教学模式传统单一,阻碍了学生主体性的发展。

首先,传统的理论教学模式。当前思政"金课"理论教学采用的是以教师单向传输为主的教学方式,以书本为主要教学依据,以课堂教学为主要手段,这种教育模式限制了个体选择的自由,学生丧失了个体自主思考的能力。这种教学模式最大的缺陷是在整个教学过程中,被动接受知识成为学生在学习过程中的主要表现,学生学习的主动地位不受重视、学习的积极性和主动性被压抑,这违背了现代社会立德树人的根本任务,培养的人才也达不到"四有新人"的标准。这种传统的教学模式阻碍了大学生主体性的发挥。

其次,陈旧呆板的理论教学方法。思政"金课"理论教学的方法主要以灌输为主,科学的灌输教育方法本身是一种效率高、实用性强的理论教学方法,教师通过理论灌输教育方法能够将课本上的理论知识以最直接、最系统的方式传达到学生,学生也能以效率最高、速度最快的方式接收到知识并且形成自己的知识体系。然而,在实际理论教学过程中,一方面,理论教学使用的教学方法单一,传统的讲授法占据了大量的课堂教学,课堂是师生互动环节极少,这种教育方法使得课堂气氛压抑沉闷,课堂上学生没有空间释放活力,没有机会展现学生的自主学习能力,教师单向的灌输方法不能引起学生的学习兴趣,师生之间的交流互动成为难题,学生的主体性得不到有效的发挥途径。另一方面,灌输教育法在使用过程中,被片面的理解和使用。列宁提出理论灌输法旨在强调将科学知识通过宣传、学习等方式灌输到人民群众中间去,意在帮助群众吸收和内化这些知识,从而培育群众的无产阶级意识。在思政"金课"理论课堂教学中,很多教师只是机械呆板地将知识传授给学生,没有考虑到学生对新知识的接收规律和接收能力,学生被动接受教育,绝大部分内容靠学生死记硬背,这种呆板的"填鸭式"教育是对科学灌输方法的歪曲理解和使用，缺乏一定的科学性，对于学生主体性的培养具有很大的阻碍作用。

最后，单一的理论教学手段。教学手段是教师在教学过程中给学生教授知识的重要介体，合理地利用教学手段可以提高教学效率。教师强化对教材内容的整合，通过用板书的方式把教材信息传达给学生，学生接收的知识受教材和教师板书的限制，无法发挥自己的主体性，随着人类社会的发展，教学手段历经口头讲授、文字和书籍传授及网络多媒体等阶段。在当前思政"金课"理论教学过程中，教学手段的使用还有待丰富和提高，传统的线下教学手段已经不能满足当前学生面临的复杂情况。

（四）思政教学的评价机制不健全

思政"金课"理论教学效果如何，最后通过教学评价表现出来，健全的教学评价机制有助于科学衡量理论教学的效果，然而现实理论教学评价机制还存在很大漏洞，有待进一步完善。

首先，理论教学的评价方法单一。当前思政"金课"理论教学的评价方法主要依赖于试卷，并且大多以客观题为主，一张薄薄的试卷决定了一个学生整个学期的思政"金课"理论学习成果，这违背了思政"金课"理论教学的最初目的。思政"金课"理论教学以培养学生优秀的道德品质和良好的政治素质为主，试卷考核的方式片面地评价了教学效果，不能真正检测学生的学习效果。有些学生为了应付考试，死记硬背，并没有把思政"金课"理论知识应用于解决现实遇到的问题；有些同学试卷得了高分，但是在现实中存在道德问题方面，表现的表里不一，这有违思政"金课"理论教学的初衷，也大大削弱了思政"金课"理论教学应有的感召力，试卷评价的不公平打击了很多学生的积极性，从而阻碍了学生主体性的发展。

其次，理论教学的评价体系僵化。当前高校思政"金课"理论教学的评价体系，大多以期末考试试卷和平时课堂的作业、课堂表现等平时成绩组成，且试卷成绩的比例远远大于平时课堂表现的成绩，在这个评价体系中，体现不出学生是否主动积极学习，学习过程是否有效，学生只是一个被评价的"答题机器"，不能对学生在教学过程中的主体表现做出相对客观的评价，不利于因材施教。但是这种教学评价因为简单好操作、适合大班教学而被思政"金课"教师广泛使用，长此以往，这种僵化的评价体系不容易培养出具有主体性的人才。

四、增强高校大学生参与思政教育的路径

（一）培养学生主体意识

习近平总书记强调，时代的责任赋予青年，时代的光荣属于青年。高校是青年学生的聚集地，是国家赋予重要使命的根据地，一代代中华儿女从高校毕业，阔步向前，书写属于自己时代的篇章。由此可见，高校在我国伟大事业的实现中发挥着至关重要的作用，其培养的是为国奋斗的中国新青年。思政课在培养为国奋斗的中国新青年中发挥着重要作用，其要做的是用习近平新时代中国特色社会主义思想激发学生主体意识，激发自觉主动性。如果在思政课教学中没有主体意识，他们就无法理解党的方针政策，无法体会到自身在国家建设中的重要地位，无法为了实现中华民族的伟大复兴而奋斗。只有学生本身具有主体意识，才能在各种挑战中迎难而上，坚定信念。因此，对于学生来说，第一，要找准自身定位，知道国家对自己的期望，知道自己对国家的重要性，身上担负着实现中华民族伟大复兴的重要使命，这是无论如何都无法改变的。作为亿万人民的希望，脚下走的每一条路都是为了国家，树立这样的理想信念是激发学生主体意识的前提；第二，有目标就要有行动，对于学生身份来说，主要的任务是学习，对待思政课，无论是在思政课堂上还是参与实践教学，都要充分挖掘自己的兴趣，找到适合自己学习的方式方法，并根据实际不断进行调整，这样才能在学习马克思主义理论的同时运用理论解决生活中的问题，才能推动教学改革向前，才能无愧于接班人的重任。

（二）端正学生学习态度

态度决定行为，学生的学习态度直接关系着主体性发挥的程度。思政课不仅仅是一门必修课程，而且是用马克思主义"三观"占领大学生思想阵地的核心思想课程。如果不能正确地对待这一核心课程，那这是学习过程中最大的遗憾。只有端正对思政课的态度，认清思政课在学习过程中的重要性，才能有足够高的觉悟去完成时代重任。因此，学生必须端正对思政课的态度，专业课是必修的，是培养我们的专业能力；思政课同样也是必修的，要重视每一门思政课，课上不懂就问，同时也要做到课下主动预习和复习思政课教材内容，并结合相关资料进行查阅学习，也可以通过学生之间或者师生之间的交流及讨论进行课程的学习，积极发问，独立思考，善于总结。课堂是发问的主要场所，要多问、多答、多互动，课外是巩固知识的第二场地，要多请教老师，把学到的知识灵活运用。同时要认

可思政课改革,适应教师的每一种教学方式,要知道所有的教学方式都是想要更好地激发我们的动力,认识到这一点教师的努力才不会白费,国家给予我们的希望才不会落空。这样的学习态度才是学生应该有的态度,才是社会主义接班人应该有的态度。因此,端正学生学习态度,激发学生学习劲头,提高学生对于思政课的重视程度才能在学习过程中充分发挥主体作用。

(三) 拓展学生参与方式

思政课程在高校教学效果不理想,学生没有积极性的重要原因是思政的教学形式比较单一。要想改变这种现状就需要进行课程改革,以思政课程改革为突破口,改变原有的教学模式,以学生为主,拓宽学生的参与方式。要将"第一课堂""第二课堂"相结合,将理论与实践相结合,依托互联网的优势,开发网络课程和平台,用学生喜闻乐见的形式进行思政教学,形成多方面、立体化、多个教学主体协同教学的体系化教学。首先,思政课堂依旧是以"第一课堂"为主,进行系统化、理论化的知识学习,只有系统的学习才能真正推进思政工作。也可以采用"翻转课堂"学生作为课堂主体,调动学生的积极性、主动性,引导学生自主学习,主动吸收知识。其次,利用好"第二课堂",不断开展与思政有关的实践活动,比如志愿活动、红色宣讲会、参观博物馆、马克思主义系列讲座等,也要利用好校园文化对学生潜移默化的作用,建设好具有思政元素的校园文化,营造良好的校园氛围。最后,在互联网大数据时代,高校也要紧跟时代的潮流,及时更新教学形式,通过"微课""慕课"等开展线上教学,让学生可以随时随地进行学习,不受时间空间限制。教师也要通过QQ、微信等平台加强和学生的交流,及时解决学生存在的问题,调动学生的积极性。

(四) 丰富思政课教学内容

作为学生与教师进行教学活动的桥梁,教学内容是思政课教学的根基所在。但思政课教学内容绝不仅仅是书本上的理论知识,教学内容要结合时代背景,基于学生需求,在教学中加入学生感兴趣的时事政治,同时也要随时更新观点,与学生所处的环境结合,分析学生的认知个性,力求激发学生主体性。如果做不到了解学生的实际需求,做不到根据学生的接受程度进行教学,那就失去了教学的实际意义。思政课要想发挥学生主体性,教师要基于学生思想动态、内心需求讲明白理论知识。同时,更重要也是最值得注意的一点,思政课绝不仅仅是照着教材内容宣读,中国特色社会主义的伟大实践是最鲜活的思政课教材,这是中华民族亿万人民书写的教材，这是一代代中国人苦干实干为我们留下的教材，善用活用是丰富思政课内容的有效路径，也是增强学生对思政课的认同感的最佳方法，使课堂教学内容更加具体生动，学生主体更愿意投身学习，学生积极性才能更好地被调动，主体性也能更好地发挥。

（五）加强思政课实践教学

思政课实践教学是对课堂教学的补充，是社会和课堂的结合，也是激发学生主体性的重要的教学方式。大部分思政课普遍存在的矛盾就是培育人才的理想化与实际教学的理论化，马克思主义理论有一定的思辨性，如果学生不能完全听进去，那就只停留在听的阶段，只入耳未入脑，而我们要为国家输送的是拥有理论型和应用型"两把大刀"的全能人才。因此，对于思政课来说，认真贯彻党的教育方针是使命，要解决学生实际应用能力的问题，就要重视实践教学在教学中的作用，结合学生实际情况和学校当地的现实条件，建立社会实践教学基地或组织学生进行实践活动。对思政课教师来说，则要积极参加培训，转变传统的教育教学理念，充分利用新媒体技术，精心挑选实践教学内容，借鉴其他高校思政"金课"改革经验，设计实践教学计划，大胆探索多种实践教学新模式。同时要激励学生，遇到问题多动脑多思考，多问"为什么"及时提出不懂之处，多想"怎么办"并能够说出自己的想法，这才真正体现以学生为主体。通过丰富的教学形式，使学到的理论可以得到应用，使思政课教学过程真正成为师生并肩前行的过程，这个过程是共同进步的过程，既考验了学生也考验了教师，教师既要注重学生在实践中的表现，又要有能发现问题的眼睛，客观评价，真正做到不断提高、不断进步。

（六）创新思政课教学方式

当前经济社会高度发展，网络技术发达，思政课要顺应时代发展步伐，抛弃原有的传统的"灌输式""长篇大论式"的教学方式，改进教学方法。这就要求思政课教师要在教学内容的基础上充分认识学生的认知规律，分析学生的接受特点，采用试听共振法、实践体验法等丰富教学形式，深入研究"慕课＋辅导"的教学方法，向有慕课教学经验的教师请教，还可以实行"一方多辅"的教学方法，即以讲为主（包括课堂教授、理论宣讲），以看、听、读、议、写为辅，课内课外、线上线下"四位一体"。同时要充分运用互联网技术手段，传统与创新有机融合在一起，引导学生积极参与课堂教学，既适应学生所处时代的特点，又符合学生认知规律，打造思政课的精品课堂。同时，原有的"一卷定乾坤"的考核方式导致思政课考试普遍存在的"临时抱佛脚"的现象,这种考核已经跟不上当前教学模式的改革,考核方式也要实现转型升级,抛弃传统的应试型考核方式,注重过程考核,随时掌握学生学习动态,加强日常学习。

(七)建设和谐的社会环境

我们是社会上的人,不可避免地受到社会环境的影响,大学生的学习和生活更是如此,尤其当前网络技术发达,学生了解信息非常方便,社会上各种信息良莠不齐,而大学生辨识信息的能力相对较弱,容易受到社会上的功利主义思想、扭曲的金钱观等不良信息的诱导,造成精神追求和理想信念的丧失甚至受骗上当,对自身造成严重的身体和心理伤害,因此,建设和谐的社会环境对思政课教学起着至关重要的作用。思政课要帮助学生树立理想信念,就离不开党领导我国人民所进行的伟大实践,这是思政课进行教学的实践依据。因此和谐的社会环境、凝心聚力的文化氛围可以引导学生乐观的成长,对课堂的教学起着辅佐作用。第一,就国家层面而言,要在改革中处理好各种利益关系,取得更为明显的实质性进展,避免市场经济给学生思想带来的负面影响,充分发挥市场经济的优势与长处,使之对学生的思想产生积极作用。第二,要强化大学生群体的理想信念,可以就疫情防控的情况中党的决策力和执行力来对大学生进行教育,发挥政治大环境在凝聚人心方面的导向作用。第三,社会各种思想文化交融,健康的文化环境利于学生成长,积极的主旋律利于学生成才,思政课教学离不开外在环境的影响。

(八)创造良好的校园环境

校园环境是思政课教学的具体环境,学生生活在校园内,校园环境无疑是学生成长中比较重要的一环。思政教育中的隐性教育的功能甚至在教育中会起到很大影响,因此校园环境的良好与否直接关系着学生思想道德素质的形成。第一,高校要加强校风建设,注重在校园文化中渗透正确的价值观,实现隐性引领。如燕山大学在全校范围内开展的"翔燕工程"主题教育,很大程度上在学生群体中营造了积极向上的氛围。第二,加强师德师风建设,作为教师要有正确的教学观与学生观,要一视同仁,不区别对待,采用"置疑式"的教学方式,把正确的观点和不正确的观点同时提出来,请同学思考,再分析,讲究教学民主。同时,思政课教师本身要有良好的教学素养,要爱每一名学生,用饱满的热情和使命感努力去做一名优秀的思政课教师。第三,高校要抓好学风建设,比如组织学风建设的讲座、宣讲会、实践活动、学习小组等,学风建设是学校建设的灵魂、支柱,通过学风建设，促进学生良好行为习惯的养成，形成浓郁的人人向上的学习氛围。做好后进生精准帮扶工作，激发学生内生动力，促进良好学风的形成。

（九）搭建健康的网络环境

网络为学生拓宽了领域，增加了兴趣点，但领域宽的同时，内容也杂了，因此要搭建健康的网络环境，这也是教学可以利用的重要手段。把新媒体与思政教育相结合是新时代思政课立德树人的有效路径，因此，搭建健康的网络环境是增强思政课时代性，调动学生积极性的重要载体。首先，思政课可以以校园媒体为抓手，建设有吸引力的思政教育网站，做好国家政策的宣传教育，开展丰富多彩的网络文化活动，弘扬主旋律，形成良好的网络育人氛围。其次，思政课也可以以新媒体为媒介，创新师生互动方式，采用课堂大屏实时互动、实时交流微信群等符合学生学习特点的方式，在轻松、自由、民主的教学环境中，增强学生主体性的发挥。但同时也要注意，必须要加强网络监管和规范，通过信息监控，及时了解学生关注的热点问题并有针对性地进行正确引导，减少网络垃圾信息给学生价值观带来的消极影响。

（十）提高思政教学教师主导性

思政教学中要通过充分发挥教师主导性来引导学生发挥主体性，教师主导性与学生主体性的发挥要同步进行，做到同频共振。

首先，建立平等的师生关系，重视大学生的主体地位。在思政教学中，教师要引导学生对主体地位有清醒的认知，与学生建立平等的关系，开展和谐的互动交流。因此，师生之间要互相尊重，促进平等互动交流。一是教师以平等沟通的态度帮助学生树立主体地位。根据学生年龄和心理的成长阶段规律，处在大学阶段的学生已经有成熟的思想和独立的人格。在教学中，教师要把每个大学生当成独立的个体，尊重大学生的个体人格，从大学生的需要出发与其进行平等沟通交流，抓住学生的好奇心，保护学生的求知欲，鼓励大学生自主思考，主动与教师交流，让大学生感受到其作为教育主体的主体地位，才能将其培养成富有积极性、主动性和创造性的主体。二是要引导学生以积极参与的态度确立自己在思政"金课"思政教学中的主体地位。理论课教学是教学相长的过程，在教师授课过程中，学生要明确自己的身份，对自己的主体地位有明确的认识。主动参与教学过程，培养自主思考的习惯，勇于与教师探讨，与教师共同完成教学工作。比如混合式教学在思政"金课"思政教学中的使用，将思政"金课"与时代发展相结合，以一种全新的现代化理念出现在当前思政"金课"思政教学课堂，它线上线下互动开展的方式拉近了学生与教师的距离。教师提前录制线上视频讲解，学生自主在线上学习，在课堂上延长了与学生交流互动的时间，给学生更多独立思考的空间，并且在师生讨论过程中，尊重了学生的主体地位，有利于学生主体性的发挥。

其次，唤醒大学生的内在需求，激发大学生的主体意识。教师所传授的理论知识能否被大学生接受、能接受多少，很大一部分取决于大学生的主体意识，因此，在思政教学中激发大学生的主体意识是思政"金课"教学的重中之重。一是要尊重大学生的内在需求。教师要通过启发、鼓励等方式，引导学生唤醒自己的内在需要，调整自己的学习状态，转变观念，将"要我学"传统观念主动转变为"我要学"。比如，混合式教学线上观看教学视频部分，学生可以随时暂停观看进行思考，或者有不懂的地方可以搜索别的学校教师的讲解方法来多方面理解，线下师生互动交流部分，可以积极发言，与教师互动，整个过程都通过主动思考来满足内心对知识的渴望，成功完成"我要学"到"要我学"的转变。二是要尊重和鼓励学生的独立性和创造性，引导和激发学生进行自我教育的意识，培养学生积极主动参与到教学全过程的意识，让其意识到思政教学不是教师一个人的"独角戏"，而是与自己息息相关的教学活动，从而将其主体意识贯穿到思政教学的全过程中。

最后，培养大学生的主体能力。大学生作为思政"金课"教学的接收主体，其主体能力的培养是主体性发挥的重要条件。其中，自我教育能力的培养是发挥主体性的重要表现。在理论课教学中，教师通过讲授、灌输等经典教法，将理论知识传授给学生。只有当学生受到启发可以进行自我教育时，他们才能真正教育自己。

（十一）双向建构思政教学

思政"金课"思政教学以"两课"为教材，在实际教学过程中，教学内容的设计与讲授方式的选择要以大学生的合理需要为依据。教学内容的合理设计关系到"培养什么样的人"的问题，因此，思政"金课"教学内容的设计要考虑现代大学生的实际需要双向建构。

首先，在遵循大学生成长规律的基础上推进思政教学内容。在思政"金课"思政教学中，教学内容的设计要考虑到大学生阶段性的成长规律，一方面，教学内容的构建要体现理论知识如马克思主义理论、当代方针路线政策等，另一方面还要充分结合大学生的认知规律和接受逻辑。当代大学生的成长规律最突出的特点是自我意识较强，有强烈的认同需求。因此，结合大学生多样化、个性化的思想特点，教育内容要分层次、多样化的设计，教学内容的安排注重开拓创新、与时俱进、与时事结合的同时，还要反映时代精神，鼓励学生主动养成关注时事、关心国家大事的好习惯，在学习理论知识的同时，被认同的需求也得到满足。慕课等混合式教学的使用，学生可以自行在网上理论学习，网络资源的共享性不仅扩充了思政教学内容，还可以提高学生的学习兴趣和学习投入，自我主动学习的动力更加充足，以学生主动学习的获得感激发对思政"金课"思政教学内容的情感认同，从而增强学生学习思政教学内容的积极性。

其次，教育内容要从教育对象自身合理需要出发。大学生作为思政"金课"思政教学的主体，一方面，要构建思政教学内容的宣传政治知识，培养社会所需要的人才，另一方面，教学内容还要考虑到大学生生活实际和思想实际，兼顾大学生的自身需要。在用马克思主义理论知识将大学生培养成为社会主义需要的"四有"新人的同时，还要培养他们个性鲜明的健全人格。混合式的教学的引用，是合理利用了互联网交互性的特点，将课本内容于时代内容结合起来，内容设计是根据当前大学生普遍擅长使用网络的特征，喜欢浏览网页资料的习惯，综合课本内容和网络热点内容系统设计教学，共享网络资源，符合大学生的自身需要和兴趣点。

最后，教育内容要兼顾大学生群体的共性和自身个性。在事物发展过程中，我们既要注重事物发展的共性，也要注重事物发展的个性。虽然思政"金课"全国高校都会开展，思政"金课"思政教学内容也以"两课"内容为主，但是，如果思政教学内容只注重共性而忽略大学生的个性，就无法培养出有独立个性和独立人格的大学生，大学生在以后的社会的竞争中体现不出个体的差异性，从而会阻碍社会向前发展的总趋势。因此，思政"金课"教学的内容要在共性教学大纲的前提下进行一定的调整，针对不同的学习、不同的学生进行不同教学内容的构建，从而关注学生个体的发展。

（十二）思政教学模式转变

首先，创新使用思政教学模式。新的教学模式要有三个转变：一是由传统的教师中心转变为学生中心；二是由教师讲、学生被动听转变为师生互动；三是将线下课堂转变为线上线下相结合。这些转变不仅有利于调动学生的积极性和主动性，促进学生自主创新能力和自主思考能力的提高，而且有利于解放教师，促进学生的主体性发展，因此要改革原先的教学模式，探索新的思政教学模式，如"问题导向式""专题研讨式""开放式""分众教学"等教学模式，都将学生的参与度考虑在教学模式内，调动学生的主体性。随着互联网的发展和教学模式改革的进步，"慕课""空中课堂""翻转课堂"等线上线下混合教学模式广泛运用于各大高校。以"翻转课堂"教学模式为例，清华大学为代表的各大高校，在思政"金课"教学过程中，采用专题式翻转课堂教学模式，教学效果可见一斑。"翻转课堂"教学模式把传统的课堂上对课程内容的讲授环节转移到课外，教师提前把教育内容录制好上传到网站平台，学生自行观看，充分利用节省下来的课堂时间来讨论交流，解答不同学生对于不同问题的疑惑，教师把课堂内容的讲授录下来作为资源放在网上，供学生随时观看，课堂上的时间用来讨论学生在看完课程内容讲授后出现的问题，启发学生进一步思考。这种教学模式最大的优势就是克服了传统教学模式中教师单向灌输的不足，解决了学生学习的积极性问题，从而促进了学生主体性的发展。

其次，灵活使用思政教学方法。随着调动学生主体性发展的思政"金课"教学要求，思政"金课"教学不再单一使用灌输教育方法，而是要灵活使用多种教学方法。要由原先的讲授法，转变为研讨式、启发式、探究式等能调动学生积极性和主动性的教学方法，多角度调动学生学习的积极性。2019年教育部举办的"首届全国高校思想政治理论课教学展示活动"中评出优秀教案特等奖51人，此次获奖教案的共同点在于他们综合运用了多种思政教学方法来帮助学生理解和深化理论知识，例如"精品课优秀教案"特等奖获得者、东北大学马克思主义学院任鹏教授在设计专题为"坚持中国特色社会主义政治发展道路"的教学方案时，综合运用了除讲授法之外的讨论式教学法、演讲法、小组经典品读法等教学方法，使大学生更加生动形象地认识到我国坚持中国特色社会主义的必要性，从而提高他们的政治敏锐性和鉴别能力。此外，伴随着互联网教学手段的出现，混合式教学方法在提高教学效率、调动学生学习的积极性方面有重大作用。近年来混合式教学方法在思政"金课"思政教学中被逐渐推广使用。混合式教学方法打破了时间和空间的限制，改变了学生的思维方式，使学生自主学习的行为成了一种习惯，解决了学生自主学习能力培养的难题。这种教学方法符合当代大学生主动学习的要求，符合人认知发展的规律，由传统的"重教轻学"转变为"重学轻教"，把更多的时间与思考留给学生，促进了学生主体性的发展。

最后，综合运用思政教学手段。教学手段要跟随社会进步和学生实际需要做出一定调整，思政"金课"教学不能总依赖于传统的教学手段进行，教学手段要不断进行创新，要综合使用以加强思政"金课"教学的吸引力，使思政"金课"

教学更加生动、有趣，尽可能地让所有学生参与到教学过程中。传统的线下课堂内授课的教学手段已经不能满足现状，要充分利用科技和互联网优势，挖掘线上教学手段的可用之处来辅助思政"金课"教学活动的实施。混合式教学融合了线上线下教学手段，这种"先教后学""先学后教""同步教学相结合"的教学方式丰富了传统的思政"金课"思政教学方法，促进了教学过程中的师生互动，为当前思政"金课"教学模式的创新和发展提供了思路。

（十三）完善好思政教学的评价机制

教学评价对整个思政"金课"教学过程有着总结和检验的效果，因此要构造全程、多元、发展的评价教学体系。

首先，丰富思政教学评价方法。思政教学成绩的评定，不能只依赖于试卷和所占比例极少的平时成绩。要丰富思政教学的评价方法，全面系统地对学生理论学习效果进行评价。例如混合式教学的教学评价体现在对教学主体的关注，同时也是对教与学这个双向交流过程中主体的评价，不仅是以学生的成绩为标准来衡量学生是否掌握了知识，以教师课堂开展情况来评定教师的优良，而是一个更加动态的过程。此外，要集述学、评学、考学等考核方法于一体。在平时的课堂思政教学时间中抽出一两个课时给学生，让他们总结一下最近学习心得和收获，把他们讲述的内容和表现作为期末总成绩的一部分；考评不仅要教师对学生考评，还要开展学生互评，学生最了解学生，学生评价学生有助于评价结果的客观公平；期末再结合试卷考学，以及平时述学、评学成绩，综合的评价该阶段学生的思政教学效果。

其次，完善优化思政教学评价机制。现有的教学评价机制是为传统的知识考试服务的，虽然突出强调学生的全面发展，但不能满足新时代的评价要求。为了改变这种评价体系，改变大学生高分低能、道德失范现象，就需要重新进行评价体系的建设，不能只以学生的成绩或者所掌握的内容作为教学评价标准，更需要加入对大学生的实践能力、创造能力、道德修养的评价，使思政的教学评价真正的具有检验人们思想和行为是否有利于人的发展的目的，对思政教学产生指导和调节作用。

第五章　高校思政"金课"的创新发展

建设思政"金课"要从课程教学方法、教学形式、测评体系上同向"发力"。具体而言，思政课程方式上要借助新时代新技术的助力，思政课教学形式要结合实践教学，思政课评测体系要侧重多元化建设。因此，本章就信息技术对于思政"金课"的驱动作用、实践教学在高校思政"金课"中的开展、高校思想政治课的评价体系建设与完善等几方面进行探究。

第一节　信息技术对于思政"金课"的驱动作用

一、信息技术对思政"金课"建设的价值

习近平总书记曾指出，落实立德树人的根本任务在于高校思政理论课的高质量开展。这就要求高校思政工作者要与时俱进，不断探索符合本校特色的思政课程，做出思政课程改革成绩。在互联网的大环境下，思政课程也需要与时俱进，利用互联网的优势，打造具有亲和力、学生感兴趣、喜闻乐见的思政课程，充分调动学生的积极性和主动性，让思政课程焕发活力。互联网与思政课程相结合给思政课改革带来了生机与活力，注入了新鲜的血液，改变了授课方式，可以在潜移默化中、在生活学习的方方面面对大学生进行思政工作，实现思政的有效输入。"互联网+思政'金课'"，其实质就是在互联网思维的指导下，将思政"金课"建设通过网络平台集成，实现思想政治理论课教学的信息化、集约化、一体化管理，从而为持续推动和不断优化思政"金课"提供良好的技术性支撑和保障，在学习形式、活力激发、效率提升等方面体现出越来越多相较于传统学习方式的新优势。

(一)教学互联,资源共享——提高教学的效率和质量

互联网时代的飞速发展,使学生获取信息的渠道越来越多,大学生群体也成为互联网的主要受众群体。高校的思政改革需要借助互联网进行创新,利用互联网不受时空限制的特点构建思政教学平台,使学生可以随时随地进行思政学习。利用互联网信息的便捷性和各种资源,可以对思政资源进行整合,拓展学习渠道,加强和其他专业人士的沟通与交流。利用互联网的虚拟技术、智能手段、3D仿真技术等开展思政课堂的体验式教学、沉浸式学习,可以通过互联网的跨时空性了解革命知识、爱国故事,对相关的信息、图片、视频进行实时感知,强化视听感受,增强课堂的体验感,增加学生的学习兴趣。"互联网+"的模式,通过教学资源的网络共享和有效传播、线上线下的实时互动和解惑释疑等方式,彻底突破了传统教学方式和教学手段的空间界限性和时间"碎片化"等局限,实现了教学资源在师生之间的有效连接和同频共振,在教学方式上更加灵活,在教学内容上更具有辐射力,对学生也可以产生更大、更强的影响力,从而大大提高了教师"教"与学生"学"的效率和质量。

(二)形式多样,内容丰富——提升教学的温度和热情

"互联网+"以网络平台为载体,选取更多形式多样生动、内容丰富新颖的资源,给学习带来了新的体验。根据不同学生的学习兴趣,对学生进行差异化、针对性、精准化的推送,包括时政新闻阅读、舆论热点讨论、视频资料观看、优秀典型介绍等,也包括政治、军事、科技、文化、党史等多元化的内容。同时,可运用网络数据进行精准化分析,及时掌握学生学习成果、思想动态和思想走向,更好地做到因地制宜和因材施教,学习内容更加有的放矢。互联网融入思政课程实现了思政课堂的改革,思政教育由"说教教学"转变为"启发教学";由"集中教学"转变为"分散教学";由"静态教学"转变为"动态教学"。互联网与思政"金课"相结合,可以使教学更加贴近学生,让教师走进学生世界,让学生对学习更加感兴趣、更加热情。

(三)共建共享,融慧聚智——促使教学资源的持续优化

传统的思政课堂,主要建立在教师的"教"和学生的"学"这一单向的过程中,"灌输式"的教学现象在所难免。在教学中运用互联网可以实现教学资源来源途径的多样化,教学内容可以更加丰富和充实。教师通过"任务式"的教学设计激发学生自主获取教学资源的主动性,教师通过大数据调查,可以准确了解学生学

习过程中的疑惑，教学过程的设计可以更加符合教师和学生的需求。通过"齐心协力""融慧聚智""合作开放""共商、共建、共享"，打造"互联网+思政'金课'"的网络资源平台，推进课程资源的一体化建设，在满足学生个性化教育需求的同时，还能解决教育资源不平衡的难题。用互联网连接家庭、社会、学校，构建基于互联网的学习共同体，也可以进一步形成思政教育的合力。"互联网+金课"联动机制的建立可以充分实现师生互动下的"教学相长"，改变以往教师在课堂上"一站到底"、学生"一睡到底"的状态，为大学"金课"的打造提供更多可能性。

二、信息技术驱动思政"金课"建设的原则

毋庸置疑，"互联网+思政'金课'"建设在推动思政教育改革中确实发挥着重要作用。但是必须指出，"互联网+思政'金课'"的本质仍是教学模式和方法在网络技术支撑下的一种改进或移植，与传统的教学手段和方式并无实质差别，因此，在具体实践中坚持以下基本原则，方能确保其价值意义真正落到实处。

（一）把准"方向"——强调方向正确和培养目标的统一

思想政治课的核心特点就是思想性，首要的问题是解决学生的思想问题，做好学生思想上的引路人，在大学生面对各种思潮的情况下及时给予帮助和引导，帮助大学生辨别信息真伪，帮助大学生群体树立正确的价值观念，坚定理想信念、听党话、跟党走，成为德、智、体、美全面发展的社会主义建设者和接班人。面对纷繁复杂的国际、国内环境，当代青年学生的生活和学习方式愈发差异化，国内外各种思潮也愈发多元化。我们对青年学生的教育，比以往任何时候都应该把正确的政治方向放在首要位置。新时期思政"金课"的打造，应该始终高举马克思主义大旗，把社会主义核心价值观教育作为核心内容创新性地开展。基于互联网技术的思政"金课"作为一种新的教学手段和方法，要把强化正确的政治方向当作基础来抓，要积极有效融入习近平新时代中国特色社会主义的思想理论、价值目标和形势任务，要充分发挥课程网络和教学平台覆盖广、功能强、影响大的优势，确保广大青年学生在学习和实践中始终坚持正确的政治方向。

（二）强调"严肃"——坚持稳定性和灵活性的统一

稳定性是传统思政课堂的突出优点，教学工作和教学安排主要遵循按部就班、循序渐进的原则，在稳定的同时缺乏必要的弹性和灵活性；"互联网+"则为思政"金课"建设提供了充分的灵活性，在时间、空间、学习方式等方面体现出较大

的弹性，但是这给课程教学的稳定性又带来了一定的冲击。因此，"互联网+思政'金课'"的打造必须在教学的原则上坚持稳定性和灵活性的统一。首先，从思想上重视，强调其严肃性，正视"互联网+"的运用只是手段和方法上的改进和创新，其目标与传统课程并无冲突；其次，在实施中融合，必须坚持线上与线下的相互结合、网络与课堂交叉使用，特别是要对诸如实习内容、学习时长、在线测试、在线答题等要进行必要的监督和把控；最后，在考核上规范，对于学生在网络上的学习进度、作业考核、问题反馈等要有准确的实时记录和必要的时间限制，对各项任务要细化、量化，定时、定查，避免突击式地完成任务。

（三）突出"严格"——确保"形式"和"实质"的统一

"互联网+"视域下的思政"金课"建设，包括课程资源的"e览无余"、学习流程的"e丝不苟"，都是基于工具价值的教学追求，而我们对课程教学目标的追求却丝毫不会放松，需确保"形式"和"实质"的高度统一。首先，要防止过分强调网络教学的作用，防止教学工作成为网络上的"形式主义"，甚至在"刷分数""刷进度"的要求下使教学变得冷漠和麻木；其次，基于课程网络资源共享之下的教学方式也不能忽视传统教学中师生"面对面"沟通的作用，师生近距离沟通的过程中，语调、表情甚至情绪都对学习效果产生重要的影响；再次，要避免或防止课程网络学习"形式"合理性替代教学"实质"的合理性，学习过程必须一以贯之和规规矩矩，避免学习简单浮在表面上、停在网络上，必须坚持做到"留痕"又"留心"；最后，要重视网络思政教育，也要重视实践育人，将实践育人和社会实践、劳动教育相结合。

三、信息技术推动思政"金课"建设的实施途径

当今世界，随着互联网技术的日新月异，大数据、云计算等现代技术手段深刻影响着青年学生的思维和生活方式。作为"网络原住民"的00后大学生，已经是大学校园的主要构成。因此，互联网背景下的思政课建设，更多地应该在师资、平台、创新上下功夫，用慕课、微课、翻转课堂等更多适合当代青年学生特点的现代信息技术手段来改造传统思政课，让政治性、高阶性、创新性的改革目标在打造"互联网+思政'金课'"的过程中得以实现。

（一）以马克思主义理论为指导打造思政课"金"师

习近平总书记指出，办好思政课，关键在教师。① "互联网+"的思政"金课"建设，给教师队伍建设提出了更高要求，政治素质过硬是首要标准，加强马克思主义理论的学习是首要内容，信息化技术的学习、平台的搭建和资源的网络化是首要认识。

1. 把"政治素质过硬"作为思政课"金"师遴选的首要标准

思政课教师是否具有良好的政治素养是能否完成立德树人根本任务的关键。作为一名思政课教师，必须要时刻坚持"两个维护"，牢固树立"四个意识"，坚定"四个自信"，牢记"四个伟大"历史使命，始终和党中央保持一致，在大是大非面前勇于"亮剑"。因此，对于当前的思政教师队伍，要加强意识形态教育和政治素养考核。淘汰思政"水课"，从去除政治立场上的"劣"师做起，树立更多爱国爱党、志向高远的"金"师典型。

2. 把理论教育作为思政课"金"师理论学习的首要内容

思政教育工作不仅是思政教师单方面的工作，还是一项需要全员参与的工作，是需要各方协同育人的系统工作。高校的思政改革与高校"课程思政"要结合在一起进行推进，要使"课程思政"顺利进行就需要专业课教师学习马克思主义的理论成果，学习当代最新的马克思主义中国化理论，即习近平新时代中国特色社会主义理论，要把理论教育作为思政课"金"师理论学习的首要内容，促进教师思想政治理论的不断系统化、最新化。

3. 把实践思维作为开展思政课"金"师教学的首要认识

实践的观点是马克思主义首要的基本的观点，是马克思主义理论发展的基础。思政课"金"师要不断深化对马克思最新理论的理解，自觉学习和宣传习近平新时代中国特色社会主义思想；要自觉把"理论+实践"的教学模式和理论宣讲—实践检验—理论升华的逻辑贯穿于教学的全过程；还要把能力提升延伸至互联网技术的学习、线上教学平台的搭建、教学内容的信息化等方面。

（二）以现代互联网技术为基础建设思政课网络平台

2020年新冠病毒肺炎疫情在全世界暴发，让学校的正常教学遇到了前所未有的挑战。以中国慕课、超星尔雅等为代表的在线课程资源平台，QQ、钉钉等直播平台，为实现教育部"停课不停学"的要求发挥了重要作用。

---

① 习近平主持召开学校思想政治理论课教师座谈会[EB/OL].（2019-03-18）.http:www.gov.cn/xinwen/2019-03118/content_5374831.htm?allcontent.

1. 运用微传播媒介，使思政课形式活起来

当前，微博、微信、快手、抖音等微传播媒介逐渐成为流行的互联网生活平台。思政课要利用好这种年轻人喜闻乐见的微媒介，通过这种微载体，增强思政课堂的丰富性、多样性和互动性。教师要多学习这种新的微媒介，通过微博、微信公众号等平台，多发送有温度、有力度、有深度的优秀作品，将其作为课程的有益补充，引导学生在媒介平台上积极开展"微"对话，让爱国奉献、社会美德、理想修养等主题得以有效弘扬。对于当前大学生思想中存在的一些误区和当前社会思潮中的"杂音"，也可以通过微媒介加以修正和批判。"北大新青年""南航徐川"等思政教育大咖的微信公众号，都是散发着正能量的优秀微载体。这种生动活泼的对话方式，受到了年轻大学生的欢迎，"微"效甚佳。

2. 打造专门平台，让思政课线上线下融起来

当前，中国慕课、超星尔雅等网络共享课程平台逐渐成为重要的线上教学平台。思政"金课"改革，也应该通过这种共享网络课程平台，实现师生即时交互、形式多样的混合教学模式。还要把建成思政课专门网络平台作为课程建设的重要目标。在此平台上，不仅能实现思政教学内容的实时更新，教学主、客体的互动研讨，还能成为课后线下作业推送、社会实践监控的载体。首先，通过网络思政"金课"的影响和带动，进一步推动线下思政"金课"的建设。其次，通过线上平台，让师生互动起来，促使学生课前有预备、课上讨论能聊起来、课余实践能动起来。最后，鼓励学生通过微博、微信等网络媒体，发表对思政课堂学习的思考、对社会现象的感想，增强大学生的成就感和责任感，真正实现思政课堂内外的广泛延伸。

3. 引入虚拟仿真技术，让思政课所见所学连起来

虚拟仿真教学综合应用大数据、人工智能、虚拟现实等网络化、数字化和智能化技术手段，能够有效提高实验教学项目的吸引力和教育教学实效性。思政课堂中，调动学生的兴趣和参与，尤其是虚拟场景中的代入感是最大的难题。虚拟仿真技术可以创设虚拟仿真场景，直观、具体地让学生身临其境，全方位调动人体感官，把祖国大好河山、革命奋斗历程、优秀传统文化等内容真实展现出来，让学生所学、所见连成一体。虚拟仿真智能实践，拉近了课堂与实地的距离，促进了历史与当下的交互，实现了教学目标与效果的转化，通过与数字世界的对话，更好地激发了学生学习的真实感和参与感。

（三）以创新性思维为导向提升思政课活力

当今世界科技发展日新月异，唯有创新才是社会不断进步的源泉。新形势下，要根据时代发展的新特征、学生成长的新特点、教学手段的新变化，把历史性作为创新的基础，把批判性作为创新的手段，把科学性作为创新的目标。

1."互联网＋思政'金课'"建设要把历史性作为创新的基础

2020年"七一"前夕，习近平总书记在给复旦大学青年师生党员回信中强调："希望广大党员特别是青年党员认真学习马克思主义理论，结合学习党史、新中国史、改革开放史、社会主义发展史，在学思践悟中坚定理想信念，在奋发有为中践行初心使命。"[①]历史是创新的前提与基础，要借助互联网的技术、平台来丰富思政教学内容与形式，不断创新思政课的实践方式，将线上教学与线下教学相结合，顺应时代发展。高校可以通过学习强国等平台，调动学生的积极性与主动性，把历史融入课堂，把思政带入学生生活与学习。

2."互联网＋思政'金课'"建设要把批判性作为创新的手段

习近平总书记在学校思想政治理论课教师座谈会上指出高校思政课程要传递社会主流价值观，对于社会各种错误思潮要进行指出与批判，尤其是学生群体在面对错误思潮时更要加以引导，使思政课堂成为高校舆论的前沿阵地，因此，在思政课程教学中要坚持理论与实际相结合、坚持建设性与批判性相结合的方法。通过批判，使学生认清形形色色的错误，分辨不明真相的杂音，引导学生运用马克思主义的立场和观点，分析西方错误思想的实质，彰显马克思主义理论的真理力量，最终实现思政"金课"改革的批判性创新。

3."互联网＋思政'金课'"建设要把科学性作为创新的目标

新时代的思政课，要利用好互联网的平台，把科学精神的塑造、科学思维的培养、科学手段的运用融入思政课改革中。实事求是是科学精神的集中体现，思政"金课"建设要坚持塑造科学精神，让广大学生汲取信仰的力量，树立社会主义核心价值观。思政"金课"的建设要实现创新的目标。一方面，要积极适应当前世界孕育的新一轮科技革命，从做好思想政治教育工作的角度去转变学生观念。事实上，随着我国高铁技术、载人航天等最新科技成果的研发，学生的爱国情怀已经被进一步激发起来。另一方面，慕课、微课、虚拟仿真等"互联网＋"的教学理念和方法的逐渐成熟，也让科学的教学手段给思政课堂改革插上了创新的"翅膀"。

---

① 习近平给复旦大学青年师生党员回信[N].人民日报，2020-06-30.

第二节 实践教学在高校思政"金课"中的开展

一、高校思政"金课"实践教学的基本概念

（一）高校思想政治"金课"实践教学的内涵

关于实践，从形式上来看，实践并不是单一的，有很多种不同的形式，例如社会关系实践、生产实践等。

教学是发生在学校教育活动中的一种实践活动，属于社会实践活动，这一实践活动首先要有教师和学生共同参与，教师向学生教授知识与技能，并在教授过程中充分发挥自己的主导作用，学生在教学活动中获取知识与技能，让自己的知识不断丰富，技能不断提升。在这一过程中，教师和学生相互影响、相互促进，最终促使学生实现全面发展。

随着教学理念和教学方式的不断更新，实践教学出现在我们的视野中，实践教学和我们通常所说的教学活动是不同的，特别是传统教学中我们经常用到的授受式课堂教学方式。实践教学最大的特点在于在实践教学活动中，教师和学生的地位与角色发生了变化，在这一教学模式中，学生成为主体，教师根据教学目的，设计一个具有针对性的情景，通过在这一个情景中的实践活动，学生将课堂中需要学习的知识转化为自己的亲身体验，完成了对知识的学习和把握。

通过对上述概念的理解并结合当前教学实际，可以将实践教学视作为思政"金课"中的关键所在。在实际教学过程中，学生经由教师的指导，以完成原有教学目标为出发点，借助于教学规划及教学大纲，融入社会实践中。提高自身进行社会活动的积极性，并在潜移默化中掌握当前社会的要点内容，使道德素养得到升华。由于真正做到了与社会接轨，因此，还能够加深对马克思主义方法论及世界观的认识程度，养成良好的思维习惯。

（二）高校思想政治"金课"实践教学与理论教学的关系

高校思政理论课教学包含两个方面的内容，分别是理论教学和实践教学。这两种教学之间的关系可以用对立统一来概括，二者之间既有相互联系的部分，也有不同的地方。通过对理论教学和实践教学两者之间关系的把握，能够有效地提升高校思政"金课"的实效性。

理论教学与实践教学属于两种不同类型的教学，两者之间的不同可以通过以

下三个方面来把握。首先是授课内容方面，两者的授课内容是不一样的，理论教学主要讲授的是"马克思主义基本原理""思想道德与法治"等内容，这些内容是教学大纲要求的课程内容，教师通过在课堂中讲授的方式教授给学生，引导大学生树立正确的人生观、价值观、世界观。实践教学的方式很多，例如校园实践、社会实践等，其开展主要是为了让大学生能够将课堂中所学到的理论内容和实际生活相联系，从而让他们对在课堂中所学的知识有更深一步的理解，让学生能够在实际问题中应用所学到的知识和理论，提升其分析问题解决问题的能力。其次是授课方式方面，两者的授课方式是不一样的。理论教学在授课的时候大多采用的方式是教师课堂讲授。采用这种方式的原因主要有以下两个方面：一方面，大学生的社会生活是有限的，年龄大多在18~23岁，这就导致他们不能深刻地理解马克思主义基本理论，甚至于一部分同学根本不理解，那么这时候，教师就要帮助他们学习，在课堂上将马克思主义基本理论讲给学生，让学生能够理解马克思主义理论，然后掌握。另一方面，大学生的人生观、世界观、价值观还没有最终形成，是处在变化之中的，如果想要他们形成正确的"三观"，就需要正确地、系统地学习，那么教师就要将这些正确的理论教授给他们。最后是对大学生的要求方面，两者是不一样的。可以说，理论教学是为了让学生通过课堂的学习对马克思主义基本理论有一个较为全面、系统的把握，并在学习中对我国的国情有正确、全面的认识，为树立正确的、科学的"三观"打好理论基础。而实践教学可以说更偏向于学生的个人能力方面的提升，学生通过参与教学实践活动，对以往的理论问题有了更深一步的理解，能够将理论与实践相结合，对问题进行思考与研究，学生在实践活动中的学习成果可以以心得体会、调查报告等方式体现出来。通过实践教学，学生加深了对理论知识的理解和掌握，提升了理论联系实际的能力，同时对于大学生的人际交往、独立思考等各方面的能力提升也有很大的帮助。

实践教学和理论教学又是相互联系的，二者相辅相成、相互促进。理论教学是实践教学的必要准备，实践教学的开展需要理论教学的成果来指导。反过来实践教学能够巩固理论教学的成果，成为理论教学的依托。实践教学和理论教学之间的联系具体可以从教学目的、教学方式及教学内容这三个方面来理解。其一是二者在教学目的方面的联系，可以说二者有着一致的教学目的，它们都是为了提高大学生的马克思主义理论素养，帮助大学生树立科学的世界观、人生观和价值观，提高大学生认识问题、分析问题及解决问题的能力等。其二是实践教学和理论教学的教学方式是相互依存、互为存在的前提。一方面，理论教学必须依托于实践教学，搞好实践教学，有利于增强教学的实效性。另一方面，实践教学依赖于理论教学，实践教学系列活动的开展需要以理论教学为指导。其三是实践教学和理论教学在教学内容上是相互渗透、相互作用及相互促进的。从理论教学来看，理论教学中渗透着大量的实践教学成果。在理论教学过程中，教师为了更好地讲授理论知识，论证理论的正确性，会应用实践教学的成果来使得理论教学更具吸引力、说服力和针对性。而从实践教学的角度看，其中也渗透着理论教学的成果。理论教学过程中出现的疑点、难点、重点等问题需要通过实践教学活动来解决或佐证。

（三）高校思想政治"金课"实践教学的显著特征

与传统课程相比，高校思想政治"金课"实践教学活动通常呈现出如下特征。

1. 实践教学具有综合性

综合性特征主要在以下两个层面中有所体现：首先是实践教学的内容具有综合性。虽然从教学客体角度而言，它面向的客体较为单一，大多仅针对某一特定的领域。但是如果以内容为出发点进行分析，则可发现它将政治、经济及思维等多项内容涵盖在内，综合性较强；其次是让该实践教学以实现全方位的综合发展为目标。与传统教学中侧重于提升某一能力不同，在该实践教学中，追求品性、能力及思维模式等多方面的提升。

2. 实践教学具有现实针对性

进行高校思想政治"金课"实践活动的最终目的就是以理论与实践相结合的教学方式，将学生与当前社会相连接，并经由包括考察在内的多种途径加深其对社会、国家及民众的认识程度，以自身所学为基础，并将之应用于实践中去，进而妥善处理面临的问题。并且通过此种模式，还能够对学生理论知识的掌握情况加以反馈，将其与当前实际相结合，探究两者存在的共同点及差异之处，增强自身分析及处理问题的能力。综上可知，与传统教学模式相比，实践教学具有诸多优点。

3. 实践教学具有双向性

顾名思义，双向性指的是学校和社会之间的沟通是双向的，不是单向的。也就是说，实践教学不仅是学校与社会进行沟通，也是社会与学校进行沟通。在这个双向沟通的过程中，我们不仅要考虑作为主体的学生的接受程度如何，我们也要意识到，教学活动之外的事物和社会环境的影响也是非常重要的。在实践教学活动中，实践教学基地的作用不能仅仅定义在一个实践教学的场所，在制订教学计划的时候，除了指导教师，实践教学基地也应该派出有经验的人员参与，同时，在教学实践活动结束后,教学基地还要将教学实践活动中的一些信息向学校或者相关人员、部门进行反馈。在教学基地进行实践教学活动的优势不言而喻,在实践场所上,实践教学基地是安全的、有保障的,同时还能够提升教师的职业技能和专业素养,教学的针对性和实效性也得到了有效的提升。

4. 实践教学具有开放性

以核心目标及最终任务为出发点对实践教学活动进行分析,可以发现,其并非是一个闭门造车的过程,在各方面都是开放的。其一,活动环境没有固定不变的边界。其二,在实践教学过程中并未施加限制,因此对于学生而言,并不需要按照要求进行实践活动,最大限度上确保了学生的积极性以及主观能动性的发挥。在面临实际问题时学生群体能够以自身意识为出发点,采用不同形式、不同方法来解决所遇到的问题。综上,无论是在教学形式、内容还是过程及结果等方面均具有一定的开放性特点。

二、高校思想政治"金课"实践教学的理论基础

(一)马克思主义的实践观

思政"金课"教学的理论基础是理论与实践的关系。对于理论与实践的关系,马克思主义所持的观点是认识起源于实践,实践可以检验认识,也是检验真理的唯一准则。我们在生活中会遇到不知道的事物或者理念,马克思主义认为通过实践活动,我们就能够对这些未知的事物有正确的认知。人们根据自己的目的,通过提前定好的计划,运用自己的能力来改造客观世界,并且在改造客观世界的过程中不断地创造自我。如果想要满足人类各种各样的需求,就要让社会生活甚至于整个世界按照一定的方向发展,那么这就需要人类通过有目的的实践活动来完成。所以说,实践是人类立命的根本、生命的根本。

根据马克思主义实践论的观点,研究理论与实践二者关联的内容,是进行社会研究的重要内容,也是哲学研究中的基本问题,即为对存在与思维的联系的探究。结合认识论的观点,作为人们思想活动的本源形式和现实基础的实践活动,是实践主题对实践对象进行感知的主要过程,是在社会实践基础上,基于思维的基本准则、原理等理论体系,有效感知实践对象的行为。在对社会的实践运动中可以得出存在和思维具有同一性,并且追根溯源可知实践与认识具有现实意义的同一性。要判断人们对社会的自我认知是不是符合真理,是不是具有科学性,就要通过实践来检验,不能只是凭借人们的主观思维和认识的对象是以什么方式存

在的。所以说，实践作为一种社会活动，在人的认识这一方面有着非常重要的作用。

开展实践教学活动的最终目的，即为教育大学生对课堂知识进行深入的理解，并认识到课堂理论知识与社会实践行为的重要联系，在开展加深受教育者对于系统理论知识认知的实践教学相关活动中，引导教育者自发接受并认可马克思主义价值观，进而对受教育者在学习相关理论知识的基础上开展更加深入的理解理论知识的实践行为，并且加大对马克思主义的科学信仰外化为学生的实际行动的教育力度。结合以上论述，马克思主义实践观对开展高校思政"金课"的实践教学环节奠定了坚实的理论基础。

（二）习近平总书记关于青年在实践中成长成才的重要论述

在我国社会主义事业发展过程中，我们可以发现，党的历代领导人的思想、认识在很多方面都是紧密相连的，是在不断地继承与发展过程中的，正是因为有了前者的铺垫，后者才能实现更好的发展。在马克思、恩格斯、列宁、毛泽东、邓小平、江泽民及胡锦涛等关于实践教育方面的重要认识的基础之上，习近平总书记对青年在实践中成长成才做了进一步的重要论述

党的十八大以来，习近平总书记对于青少年的实践教育高度重视，并做出众多有意义的论述，重点突出在青少年成长成才的过程中实践的重要地位，以及其能发挥的重要影响。他指出，"要牢记空谈误国、实干兴邦的道理，坚持知行合一、真抓实干，做实干家"[①]。习近平总书记的这一论述指出了要在实际的锻炼中不断增长才干，不仅要重视对知识的学习，还要重视实践，并坚持理论学习和实践历练的结合。2016年，习近平总书记在全国高校思想政治工作会议上的讲话中指出："社会是个大课堂。青年要成长为国家栋梁之材，既要读万卷书，又要行万里路。"[②] 同年，他在视察安徽时，在与知识分子、劳动模范、青年代表座谈会上的讲话中提出要"注重在实践中学真知、悟真谛、加强磨炼、增长本领"[③]，强调青年在不断学习的同时躬行实践，在实践中锻炼自己，从而掌握真本领、练就真本事。2018年5月2日，习近平总书记在北京大学师生座谈会上的讲话中提出，"学术、知识不能只是在嘴上，要联系实际，做到知行合一、格物致知、学以致用。

---

① 2012年习近平总书记参观《复兴之路》展览时的重要讲话。
② 习近平在全国高校思想政治工作会议上强调：把思想政治工作贯穿教育教学全过程 开创我国高等教育事业发展新局面 [N]. 人民日报, 2016-12-09.
③ 习近平在知识分子、劳动模范、青年代表座谈会上的讲话 [EB/OL]. （2016-04-30）.http://www.81.cn/sydbt/2016-04/30/content-7030341.htm.

所以，我后来看书很注意联系实际。"①同时他还强调，"知识是每个人成长的基石，在学习阶段一定要把基石打深、打牢"，并且还指出，"道虽迩，不行不至；事虽小，不为不成"。②这些都说明习近平总书记非常重视实践在人才培养中的作用，具有很重要的地位。

历史在不断地发展与前行，对于青年的成长与成才需要有最新的认识和方法，习近平总书记的重要论述对有效地解决这一问题提供了很大的帮助。对于习近平总书记关于青年在实践中成长成才的重要论述，我们要进行全面的学习，把握其科学的内涵和精神实质，并在实际的生活工作中坚定地贯彻，只有这样才能够在育人的过程中贯彻实践的理念，充分发挥实践的功能，最终培养出综合性的人才，让他们具备高水平研究素养的同时也具备相当的实践能力。高校思政"金课"的开展要充分发挥实践教学的功能，让学生对理论知识的把握更加深化，真正领悟，并在实际生活中用科学的理论知识引领实践，指导行动，在社会实践中让自己得到锻炼，提升自己的综合能力与素养，让自己具备真才实干，在实现中华民族的伟大复兴实现中国梦的道路上贡献出自己的力量。

（三）建构主义理论

实践教学对于思政"金课"教学的成功开展意义重大，而实践教学要想达到预期的目的就必须有科学的理论作为指导。研究发现建构主义是极具革命性的教学理论，能为思政"金课"实践教学提供一些理论上的参考和指导，其根本原因在于建构主义教学理论以行为主义和认知主义为基础，具有极强的科学性和实用性。建构主义理论源于瑞士儿童心理学家皮亚杰等人，该教学理论的内容体系极其庞大，但其核心内容概括起来仅有一句话：学生是一切教学活动的中心。该理论和传统的以教师为中心的教学理论有本质上的区别，它特别强调学生在整个教学活动中的主体地位，认为教师所安排的一切教学活动都必须围绕学生这一中心来进行，要特别重视培养学生探索知识的主动精神。

在建构主义理论的观点中，学生从知识的被动接受者转变为主动探索者。学生是教学活动的中心，也就是说在整个教学过程中，学生位于主体的地位，而教师则是主导者，对学生的学习进行帮助和辅导，让他们的学习是科学有效的。将学生作为教学活动的主体是建构主义学习理论一个重要的特点，这对思政"金课"的实践教学有重要的意义。开展思政"金课"实践教学，如果想要达到预期的教

---

① 习近平在北京大学师生座谈会上的讲话[N].人民日报，2018-05-03.
② 同上。

学目的，就要对教学主体有深入透彻的研究，也就是说要对大学生进行研究，要知道大学生群体所具有的各方面的特点，比如说文化、社会心理及知识背景等方面。而对教育对象有透彻、深入的了解，这也是教育者的工作内容之一。当前，高校已逐步成为00后的天下，他们与以往的大学生更是不同，具备了以往学生没有的特点，所以在对他们进行研究的时候不仅要采用定量研究的方法，还要采用定性研究的方法，最终掌握这一群体的状态及特点。

（四）人本主义教育理论

人本主义心理学家普遍认为片面重视精神的灌输，轻视对人的培养的美国教育体系本质上是对人性自由的一种束缚。他们批评而且极力反对美国的这种阻碍人自由发展的教育制度，并以此开创了人本主义教育理论。该理论以美国著名的社会心理学家马斯洛和罗杰斯等人为代表，将"以人为本"作为该教学理论的核心思想，主张一切教学活动都必须以人为中心，并倡导一切教学活动的根本目的就是促进人的身心健康发展，培养人的自由创新能力。

人本主义心理教育者认为教育改革的重点应该集中于六个方面，即教育目标、学习理论、课程理论、教学模式、师生关系和教育评价。人本主义心理教育观认为通过接受教育来达到自我实现的目标是教育的最终目的。在学习理论上，人本主义心理教育观倡导充分调动学生的内在学习动力，培养学生独立思考和创新精神，反对灌输式的知识输入。在课程理论上，人本主义心理教育观提倡有目的、有意思的学习，重视培养学生对知识的理解和运用能力，反对死记硬背式的学习。在教学模式上，人本主义心理教育观主张重视学生的主体地位，提倡"以学生为中心"的教学模式。在处理师生关系上，人本主义心理教育观强调了情感在学习过程中的重要作用，主张建立和谐、融洽的师生关系，认为教师应该成为学生学习活动的"促进者"。在教育评价上，人本主义心理教育观倡导学生积极地进行自我评价，并主张反对传统教学中的外部评价，提出自我评价是以学生为中心的课程最称心如意的评价方法。

人本主义教育理论中虽然有一些落后保守的内容，但其中也不乏一些优秀的观点，如果能将这些优秀的教育思想和理念融入我们今天的教育改革中，必然会对我们的教育改革进程起到促进作用。而我们在思政"金课"教学实践中一贯倡导以学生为主体，以教师为主导，提倡学生德、智、体、美、劳全面发展并充分引导和发挥学生的创新能力，且努力提高学生的创新能力的教学模式恰好与人本主义教育理论所倡导的教学模式相一致。

三、加强高校思想政治"金课"实践教学的必要性

(一)加强实践教学是提高思想政治理论课实效性的重要途径

作为一门学科,高校思政"金课"不仅具有很强的政治性,还具有很强的科学性与时代性。思政"金课"的作用是非常重要的,并且其价值是独特的,高校通过这一课程对大学生进行思想政治教育,但仅仅在课堂教学中对学生进行理论知识的传授是远远不够的。开展实践教学是对理论教学的补充和完善,两者齐头并进,可以相互促进、相互发展,最终提升思政"金课"教育教学的实际效果。当前,加强思政"金课"实践教学是非常有必要的,我们可以从以下几个方面来理解。

第一,从课程的性质上来说,高校思政"金课"是马克思主义性质的课程,主要是对马克思主义理论进行教授。而马克思主义理论的来源是实践,也是实践让马克思主义理论更加丰富,并不断地向前发展。所以我们说,思政"金课"是科学的,是具有思想性的,但是更是实践的。可以说如果离开了实践,马克思主义理论根本就不可能形成。随着时代的发展与进步,马克思主义基本理论对于新问题的诠释必须依托新时代下的新实践来完成。就思政"金课"教育教学而言,就是要在充分发挥学生主体性、教师主导性的基础上,通过一系列实践教学活动来加深学生对于马克思主义基本理论的理解,使其更加坚定对马克思主义的信仰。

第二,从课程的特点来看,与时俱进作为思政"金课"教学的突出特点,要求在课程教学过程中必须根据新时代的变化,包括世情、国情、民情及学情等方面的变化不断进行调整改革。00后已成为新时期大学生群体的主力军,他们成长的环境决定了自身的时代特色。虽追求真理,但不满足于被动接受单向的理论灌输;虽关心政治,但不满足于缺乏实践枯燥的政治说教。所以,高校思政"金课"要大力开展实践教学,将课堂理论与实践活动结合起来,让学生通过课堂的学习和实践活动的参与具备综合的能力与素养,形成正确的"三观",让他们能够在实现中国梦的伟大进程中贡献力量,夯实中华民族伟大复兴所需要的人才基础。

第三,从教学目的来看,思政"金课"作为各大高校公共基础课的重要组成部分,它不像专业课程以传授学生知识和技能为主,而是旨在帮助大学生树立正确的"三观",提升大学生的思想道德素养,培养德、智、体、美、劳全面发展的时代新人。而实现这一伟大而光荣的目标仅仅依靠理论教学是难以达成的,必须加快推进实践教学的改革和创新,要借助多样化的实践教学形式,利用好社会这一大课堂,将理论教学和社会实践充分结合起来,使广袤大地成为学生学习成

长的最好教材。

（二）加强实践教学是培养适应新时代人才的必然要求

进入新时期，人们越来越意识到科教兴国的重要性，世界各国在教育理念上也达成了一个共识，那就是教育强则国家强。近年来，我国对教育事业越来越重视，并且在这一方面的投入也越来越大，其目的就是为了培养符合新时代要求的高素质综合型人才，为在社会主义建设的道路上所需的人才提供保障。当前，我国已经进入中国特色社会主义新时期，进入新的发展阶段，对人才的需求也有了新的变化，对人才的培养有了更高层次的要求。我们需要培养的人才是高素质的，他们要具备一定的创新意识和能力，还要有较高的实践能力，同时也要有较好的思想品德素养。基于此，在培养人才的过程中，不应该把知识与技能的传授放在首位，应该先让学生树立正确的思想观念。如果想要让不同领域内的优秀人才能够对社会的良好发展做出贡献，首要条件就是他们的思想观念是正确的，他们的人生观、世界观、价值观是科学的。而高校思政"金课"就是为了实现这一目的，培养出一批高素养、"三观"正的人才，让他们为我国社会主义事业的发展"添砖加瓦"。高校思政"金课"除了要让学生掌握科学的理论，引导学生形成科学的世界观之外，从根本上来说，是为了让学生在实践中应用所学的理论，提升其分析问题、解决问题的能力。可以通过多种多样的实践教学方式，让学生养成良好的道德品质，具备一定的社会实践能力。比如可以在校内开展相关内容的辩论赛，也可以组织学生走进社区，进行法律宣讲、普及法律知识等，这些对于学生能力的提高、道德素质的培养都可以产生重要的影响和作用。

（三）加强实践教学是贯彻党的教育方针的内在要求

党的十八大以来，思政"金课"的建设和发展受到了党中央的高度重视，并被摆在了重要的位置，党中央针对这一学科的建设做出了一系列的决策和部署。2015年中央宣传部、教育部关于印发《普通高校思想政治理论课建设体系创新计划》的通知指出："实施高校思想政治理论课建设体系创新计划的基本原则是：坚持理论与实际相结合，注重发挥实践环节的育人功能，创新推动学生实践教学和教师实践研修。努力强化实践教学，建设与课堂教学相互促进的思想政治理论课第二课堂教学体系。"[①] 2017年2月，中共中央、国务院印发了《关于加强和改进新形势下高校思想政治工作的意见》，明确要求高校思想政治工作须"坚持全

---

① 中央宣传部．教育部．普通高校思想政治理论课建设体系创新计划 [EB/OL]．（2015-07-30）．http://www.moe.gov.cn/srcsite/A13/moe_772/201508/t20150811——199379.html.

员全过程全方位育人。把思想价值引领贯穿教育教学全过程和各环节，形成教书育人、科研育人、实践育人、管理育人、服务育人、文化育人、组织育人长效机制。"[①]2018年4月13日，教育部印发了《新时代高校思想政治理论课教学工作基本要求》的通知，要求从本科思想政治理论课现有学分中划出2个学分，开展思想政治理论课实践教学，并明确了思想政治理论课的基本原则、教务要求、教学要求及管理要求。《中共中央、国务院关于进一步加强和改进大学生思想政治教育的意见》《关于进一步加强和改进高等学校思想政治理论课的意见》等文件都将高校思想政治理论课教学的改进和提升放在了重要的位置。

这些文件的印发充分体现了新时代国家对于思政"金课"的新期待。为了贯彻好落实好党和国家的实践教育方针，促进大学生成长成才，要切实开展形式灵活多样的思政"金课"实践教学活动。

四、高校思想政治"金课"实践教学的具体形式

（一）思想政治"金课"课程实践教学

通俗意义上而言，可以将课程实践教学看作为是一种以课堂为实践场地所建立的一门课程。在实际的教学过程中，教师的作用是引导、帮助学生，保障学生学会其应该学到的知识。课程实践教学的实践性更加凸显，强调学生要积极主动参与教学实践活动，让教学和现实的生活、实际的情况更加贴近，联系更加紧密。对于各个高校而言，为了保障思政"金课"实践教学活动的顺利进行，必须提高对课程实践教学的重视程度，为课程实践教学的落实创造有利条件。目前，我国高校所采用的课堂教学往往涵盖了包括情境教学，以及案例教学在内的多种模式。其具有诸多优势，首先，它是对理论内容的延伸，能够促进学生对教学内容产生更深层次的认识；其次，它能够更加直观地反映学生的意识，效率更高；最后，是它更为便捷且不需要花费大量的资金，无论是在师资、设备还是经济等方面均具有较低的成本。

（二）思想政治"金课"校园文化实践教学

有学者主张将校园文化实践教学活动视作为思政"金课"实践教学体系中的关键所在。此类活动将课堂中的教学延伸至实践中去，有助于提高学生的团队合作意识，促进自身朝着社会化方向发展。在实际施行过程中，学生利用课余时间

---
① 关于加强和改进新形势下高校思想政治工作的意见[N].人民日报，2017-02-28.

在校园中进行相关活动。通常情况下，可按照各自的兴趣及目标自行组建团队，并在活动时严格遵循有关规定。校园文化实践教学活动具有有限化、生活化、校园化及趣缘化的特点。一方面是对理论课程的查漏补缺，另一方面还能够促进学生良好行为习惯及思想作风的养成，建立合作互助、沟通协作等理念，为其日后进行社会活动奠定基础。综上，对于校园文化建设而言，其核心为理想信念教育，基础为基本道德规范，最终目标为在整体水平上提高学生的专业素养，建立良好的行为规范。它包括了进行组织校园文化活动等多种实践形式。

（三）思想政治"金课"社会实践教学

社会实践教学活动主要涵盖了社会调查、志愿服务及参观访问等多种形式，具有自主性、实践性及创造性的特点。在教学过程中，高校以自身培养模式为出发点，将学生投入社会中去，使其直面当前社会上存在的一系列问题。通常在寒暑假、节假日，以及课余时间进行此类活动。切实做到将教学与实践相融合，提高学生的参与积极性。

（四）思想政治"金课"虚拟实践教学

与传统实践教学活动不同，思政"金课"虚拟实践教学是时代发展的衍生物。在实际教学过程中，教师以网络为媒介，并使用多种虚拟技术手段进行场景的模拟，使学生群体能够通过自主学习，以及交流合作等方式进行社会实践。以功能作用为出发点对网络进行分析，可以将其看作为是新兴科技、信息传播的重要媒介，除此之外，网络在当前实践教学过程中也被广泛使用。通过虚拟教学，用复杂多变的网络环境替代原有的现实场景，既跟上了时代发展潮流又能贴合学生实际需求，很大程度上提升了思政"金课"教育教学的效果。虚拟实践教学主要包括主题博客、网上论坛、网络课堂教学平台等内容。其是在新媒体高速发展的背景下形成的，对传统实践教学进行补充，用以形成立体化、多样化的教育模式。

五、高校思想政治"金课"实践教学存在的问题

（一）学校的重视程度和管理支持力度不够

1. 学校对思想政治"金课"实践教学的重视程度不够

在中央精神的引领和指导下，全国范围内的高校都开始积极探索思政课实践教学，并且取得了一定的效果。但是，当前在一部分高校中，对思政课的重视程

度不够，在主观意识中，依旧认为专业课比较重要，公共课的重要性一般，最终高校也没有形成党委领导、学校党政齐抓共管的格局。

"各个高校，在制订学校的发展规划，或者在总结汇报学校的工作时，都会将加强马克思主义思政课程作为首先强调的重要内容。马克思主义思政课程成了装点门面的彩旗。而实际上，往往宏观上谈论得多，微观上研究得少；抽象肯定得多，具体论证得少；理论上说得多，行动上落实得少。"[1]在高校教学中，思政课一般都是公共课，并没有得到应有的重视，和专业课相比，其重要程度要排在后面，和其他公共课相比，比如英语、高等数学等，其重要程度也是排在后面。在思政课授课模式中，大部分高校采用的还是大班制，并没有按照规定对其教学规模进行缩小，这对于提升思政课教学效果也是一个较大的阻碍。

在对思政课实践教学的认识方面，很多高校没有充分认识到思政课实践教学的重要性，主要就是没有深刻理解理论教学和实践教学之间的关系，对两者的认识欠缺。一部分人认为实践教学课程并不是课，只是对理论教学课程的补充和辅助，其地位自然不能和理论教学放在一起去看待，甚至有一些人认为实践教学不能称之为课程，有或者没有都无所谓，他们并没有认识到实践教学是思政教学中一个重要的组成部分。一些高校领导认为对思政课实践教学的投入是不值得的，一方面，开展实践教学在人力、物力、财力方面都会有比较大的消耗，另一方面，思政课的教学效果的产生是一个长期的过程，并不能在当下看到明显的效果，在短时间内，也不能看出来对学生的教学效果，是不是产生了积极的影响。以上这些都阻碍了思政课实践教学的建设和发展。

2.思想政治"金课"实践教学缺乏科学有效的管理

高校内的各门课程的实施，需要课程承担部门、教务部门、统筹协调部门等多个部门及时沟通、合作以维系课程的正常运转。在这个过程中，自然也离不开管理部门作用的发挥。高校内的思政课程实践活动要想顺利地开展，就需要负责实践课程的教师与马克思主义学院管理部门、教务部门、学生管理部门等各个职能部门相互沟通，形成系统内的联动机制，但从现状我们可以发现，目前这种联动机制还没有完全建立，只局限于开展思政课的直接院系负责理论及实践课程的实施，这种现状导致实践课程缺乏较为系统的教学规划、教学大纲等指导性文件，这也就在很大程度上限制了实践课程的开展。

从已有资料中我们发现，目前高校对于学科教学相关的教学计划、规章制度、

---

[1] 方世南.高校马克思主义思想政治理论课程改革创新研究[M].北京：人民出版社，2007.

实习安排、教学管理等方面还是比较详细的，但是在思政课实践教学方面，则缺少了教学安排、实践计划等方面的材料，这种资料上的短缺反映出了我国目前对于思政课实践教学的开展还存在着很多待发展和完善的地方，这给思政课的实践教学造成了很大的影响，例如，实践教学不规范、不科学等，在这样的条件下所开展的实践教学活动必然不能达到预期的效果。在高校内，任何一门学科都设置了特定标准的课程评价体系，在期末根据每一门学科的课程评价体系指标对学生的学习效果进行评价并打分，但思政课实践教学具有周期长，且无法在规定时期内将学生的学习效果完全展现出来的特点，教师就很难对学生做出较为客观、全面的评价，而且在高校内还没有建立较为完善的评价体系，对实践活动的评价缺少科学的评价指标体系。当前，我国思政课的评价主要由三部分组成，分别是课堂的表现、作业完成情况、期末考试成绩。教师在综合这三个方面的表现后，对学生进行最终的评价。但是，这种评价方式并不全面，同时在评价的时候没有考虑到学生在实践活动中的表现，并没有展现出学生的综合素质。所以说，要想思政课实践活动更好地开展，就要建立一个科学的评价体系，这一评价体系的建立要符合思政课实践教学活动的实际情况，此外，这一体系的建立也有助于对学生进行全面的评价。

3. 学校对思想政治"金课"实践教学的支持力度不足

完善的保障机制是思政课开展实践教学的重要保障，当前，在思政课实践教学中，很多高校都凸显出实践基地建设有待完善、经费欠缺等问题，这些成为制约思政课教学实效性的一大瓶颈。高校对于实践教学的支持力度不能满足实际需要，主要表现为：第一，高对于实践教学的专项资金投入不够。实践教学的开展，需要充足的经费作为保障，用于器材的购买、设施的建设、时间活动的基本费用等各个方面，但思政课实践教学的效果不能在较短的时间内体现，在看不到实际效果的情况下，就很难申请到数额充足的经费支持，这就阻碍了思政课实践活动的开展进程，部分实践活动由于经费的问题在开始实施的时候就很困难；第二，在硬件设施方面，高校的设施建设也呈现出不足的现象。可以说，如果想要思政课实践教学正常开展，实践教学基地是最基础的一个条件，良好的基地建设对于充分体现实践教学的优势具有重要的作用，但目前很多高校对于实践基地的建设趋于表面和应付，只能满足最基本的教学要求，与实践教学计划的实现还具有较大的差异，这样就导致了实践教学资源难以得到充分利用而造成资源的浪费。

（二）教师的思想认识、精力投入、能力本领有所欠缺

1. 教师对思想政治"金课"实践教学的思想认识不到位

实践教学指导教师不仅直接组织和领导实践教学活动，也直接参与到活动中，在实践教学活动中是主导者，所以说教师在实践教学活动中占据了重要的地位，并且能发挥重要的作用。实践教学是否能取得良好的效果和教师的态度有着直接的关系。当前，大部分高校的思政课实践指导教师都认可了实践教学的地位和作用，但是仍有一部分教师依旧没有认识到实践教学的重要性，这就使得他们不能够以积极的态度去开展实践教学。一部分教师认为开展思政教育，第一位的依旧是理论教学，片面地强调学生要学习并掌握理论知识。受到这种观念的影响，他们在开展实践教学的时候自然也不会花费过多的时间和精力，在实践教学过程中，缺乏全程的参与，不能够对学生进行全程的帮助和指导。还有一部分思政课教师的思想比较守旧，不能接受新鲜事物，落后于时代的发展。另外，学生进行外出的实践活动要求安全方面的保障，在这一方面压力较大的时候，一些教师出于自身的考虑，比如害怕出现问题要承担责任，就不再去开展实践教学活动，阻碍了思政课实践教学活动的发展，思政课实践教学的时间得不到保障，达不到应有的基础标准，或者说在开展的中途发生了中断，这些都对思政课实践教学效果产生了不好的影响。

2. 师资力量不足、教师投入实践教学中的精力不够

高校扩招以来，学生规模扩大，学生人数呈直线上升的趋势。虽然相关部门对于学生人数增加这一情况十分了解，也要求要增加相关专业教师数量，扩大教师队伍。但近些年各高校从事思政课教学的师资力量并没有明显增加，而思政课又属于全校性公共基础课，所以，有限的教师队伍与大规模的学生数量之间的矛盾突出，思政课教师承担着很重的教学任务。大多数思政课教师都是超负荷在工作，上课前需要精心准备授课内容，授课学生数量多，教学班级多，教师们疲于上课，而相对应的教学作业和期末试卷的批改数量之多也加重了教师的负担。高校思政课教师不仅承担着全校的思政课教学工作，而且还有科研方面的要求。用在教学上的时间多了，科研方面自然也就无暇顾及。而实践教学系列活动的组织实施等要耗费教师的大量精力，有的实践教学活动还需要多人协同合作，但是师资力量又不足。在这样的情况下，高校思政课教师对于实践教学系列活动的开展则显得心有余而力不足。

3. 部分教师指导实践教学的能力较弱本领不足

教师在课堂上的引导作用对于整个课堂的秩序维护、正常开展具有重要作用，而对于承担实践教学任务的教师来说，除了要求其具备在教室内上课的基本专业素质外，还需要具备实践课程所需要的专业能力，即深厚的理论基础、组织能力、沟通协调能力等，其中，理论基础是实践教学开展的根基；组织能力是实践教学正常有序进行的保障；沟通协调能力是实践教学深入拓展的基础。这些能力的具备，对教师把握实践教学的全局和正确方向具有重要作用。但是，从实际情况来看，我们可以发现承担实践教学的教师大多是承担着理论教学内容的教师，他们具有良好的把控课堂的能力，但是由于长期面对课堂教学，其对于实践教学活动的了解不够透彻，视野不够宽广，自身的组织能力、协调能力、沟通能力、处理突发事件能力等较差，这样在实施实践教学的过程中，就不能对学生进行针对性的教学，从而影响了实际的实践教学效果。除此之外，对于思政课实践教学本身而言，其具有一定的复杂性，且涉及面较广，考验的能力较为全面，这就需要对承担实践教学的教师进行一定的课前培训，帮助教师掌握教学活动所需要具备的各方面能力，能够让教师游刃有余地应对实践教学。

（三）学生对实践教学意义价值的认识有限

1. 学生对实践教学意义价值的认识不足

一部分学生认为学思政课是没用的，或者说对自己没有太多实际的帮助，这使得他们在学习思政课时会产生抵触的情绪，自身也不重视这一课程的学习，学习的积极性和学习的效果就会大打折扣。此外，当代大学生在初中、高中的时候就已经学了哲学、历史、思想品德等相关的课程，虽然说中学的思政课和高校的思政课是不同的，但是其内容有重复的地方，这在一定程度上影响了学生学习的积极性。认为思政课没有用或者对思政课不重视的思想进一步影响了他们对思政课实践教学的看法，不能够正确、客观地去看待实践教学，认为实践教学也是走走形式、走走过场，对自己并没有真正的用处，从而他们也就不再重视思政课实践教学。

当代大学生学习目的过于功利化。因为国家对教育的重视，我国近年逐渐实行高校扩张政策，使得毕业生逐年增加，导致就业竞争越来越激烈。目前，我国就业市场依旧比较看重学生的硬件条件，也就是其是否具有各种资格证书，以及是否符合竞争岗位的实践经历等。在这种环境下，一部分学生认为思政课对于自己将来的就业没有太大的帮助，选择的大多是和自己将来就业有关的一些课程，从而放弃了对思政课程的学习。那么这部分学生就不太重视自身思想道德方面的建设，也不能认识到在自身综合能力和素质提高方面实践教学能够产生的重要影响和积极作用。这部分学生参加实践教学最主要的目的就是拿到这部分课程学分，没有深刻透彻地理解实践教学的意义，自然也就不会重视这一课程。

2. 学生对实践教学方式的掌握不够

实践教学的方式是非常丰富的，从内容上可以分为课堂实践和课外实践。课堂实践教学可以采用影视赏析、案例讨论等方式；课外实践教学可以采用志愿者服务、参观访问、社会调查等方式。从组织形式上，实践教学可以分为两种，分别是分散的实践教学活动和集中的实践教学活动。在实践教学中，无论采用哪种方式，其最终都是为了实现实践教学的目的。在实际教学过程中，思政课实践教学的实效性受到多种因素的影响，学生能否掌握实践教学方式就是影响因素之一。一方面，实践教学的形式是非常多的，而学生又不能完全掌握所有的方式，这两者之间的矛盾越来越突出。从学生自身来看，学生不仅要学习自己的专业课知识，还要学习公共课，对于专业课的学习不管是在时间上还是在精力上都是有限的，对思政课实践教学的学习精力更是少之又少。这也就导致了部分学生只能掌握一种或者个别几种实践教学的方式，不能掌握所有的实践教学的方式，进而思政课实践教学的效果就受到了影响。另一方面，在实践教学活动中，学生可以自由选择实践的方式，老师对其进行指导和帮助。但是由于没有全面把握实践教学的方式，在具体的实践过程中就会缺乏对具体方法的选择，并欠缺理论的提升。以社会调查为例，就需要大学生对社会进行深入的调查，但是在调查过程中，学生需要综合运用多种具体的方式，比如调查问卷、电话访谈或者面对面访谈，还要将看、听、问结合起来，在实际活动中，学生就会出现下面的问题，比如采取的具体方法比较简单、单一，调查活动比较随意，缺乏严谨性等。

3. 学生对实践教学方法的实际运用有所缺失

教学是有一定的规律可循，有一定的方法可依的，但是教学的方法又不是固定的、死板的，需要找到一个恰当并且合适的方法，同时针对不同的对象就要采取不同的方法。思政课实践教学想要取得好的效果，选取恰当的实践教学活动方法是关键。在思政课实践教学活动中，首先，学生要选择开展实践的形式；其次，选择具体的操作方法，在选择的过程中需要充分考虑自身的实际条件。对于具体操作方法的选择是非常重要的，如果不选择具体的操作方法，那么之前学生所选择的实践教学活动就不能实施。在近几年的教学实践过程中，思政课实践教学已经有了一套普遍的、有效的方法，但是方法是多种多样的，并且处于不断地发展变化之中，在运用方法的时候，要具备一定的经验同时也要根据实际的情况对方法进行创新。但高校学生在经验积累方面和创新能力方面的欠缺，他们在实际运用的过程中就会有所不足。

六、改善思想政治"金课"实践教学的对策

（一）全方位提高对思想政治"金课"实践教学的认识

随着教育改革的实施，党和国家越来越重视实践教学活动，重视学生的实践动手能力，这就要求不仅是高校层面，还是领导层面，不论是教师方面还是学生方面，都要对思政课实践教学有正确的认识，要正确认识到在学生全面发展和综合素质提升方面，实践教学所能发挥的重要作用。这也是思政课实践教学能够顺利开展的基础保障。

1. 提高学校领导对思想政治"金课"实践教学的认识

学校领导对于学校整体方向的把控具有重要作用，要想促进高校思政课实践教学的发展，首先就需要高校的领导认识到实践教学对于学生发展，以及能力提升方面能够产生的重要作用，进而将思政课及思政课实践教学提升到重要的地位，这是实践教学能够不断发展的重要条件。

提升学校领导层思想认识，主要可以采取以下几方面的措施：首先，身为学校的领导者，要加强自身的理论学习，尤其是针对思政课来说，坚守正确的政治观念和价值观是非常有必要的；其次，在对思政课的理论基础进行全面了解的基础上，要从学校的政策及文件方面保障实践教学的高质量发展；再次，从学校的组织结构方面来说，应该由学校领导提出建议，成立专业的思政课实践教学领导小组，并设立办公室，由专门的人员负责思政课及实践教学活动的综合统筹协调活动；最后，要对任职实践教学活动的教师进行专业的培训，保证师资力量的高质量，加大对实践教学的经费投入，保障实践基地、活动费用等的支出，提高实践教学活动的参与性和效果。

2. 提高教师对思想政治"金课"实践教学的认识

教师是教学活动的承担者，是与学生直接接触最频繁的主体，教师对于思政课及实践教学的认识，对于课程及实践教学的顺利开展，以及质量的提升具有重要作用。通过调研我们发现，部分教师对于思政课的认识仍停留在较为浅显的、表面的阶段，对于思政课的重要性、实践教学的流程、实践教学的意义并没有深刻的认识，这也在一定程度上造成了思政课及实践教学活动流于表面，没有能够

深入开展。因此，要想做好思政课及实践教学，需要从教师入手，要让教师认识到思政课及实践教学的重要意义，这样才能使教师在教学过程当中倾注更多的心血，设计更多的实践活动及项目，提高学生课程及实践活动的参与度，增强实践教学的实际效果。

为了促使教师能够正确认识和把握思政课及实践教学，可以从以下两点进行：第一，在实践教学的学习方面，教师要有所加强，不仅要对实践教学的内容进行学习，还要对其流程、重要意义等方面进行学习。要让教师真正发现实践教学对学生的培养具有重大的作用，让他们意识到在实践教学中，学生的主观能动性得到了充分发挥，学生独立思考的能力、沟通合作的能力、个人的创造力、理论联系实际的能力都能够得到很好的提升，只有这样，教师才能够从内心真正认可实践教学，并且更加重视实践教学；第二，对于教师各个方面能力的培养要有所加强，具体来说，教师的引导能力、组织能力等都需要进一步培养，只有教师具备了多方面的能力，在复杂的实践教学过程中遇到问题的时候，他们才能自如地应对，也只有这样，实践教学才能真正发挥其应有的效果。

3. 提高大学生对思想政治"金课"实践教学的认识

无论开展何种教学工作，通常情况下，受教育者对知识的渴求程度、学习各种规则、文化成就的自觉性，以及积极性将会对教育的实际成效造成直接的影响。由此可见，如果只通过教育主体的个人努力，很难获得良好的教育成果。不难看出，在高校中开展相关的实践教学时，大学生参与实践教学活动的积极性、自觉学习更多实践内容的意识、对实践教学的理解等均会对教学成果造成直接的影响。所以，在开展相关的教学活动时，必须要从大学生的角度出发，通过合理的手段激发其参与活动的积极性，使其能够对思政教育有更加正确的认识，从而提升对实践教学的重视度。

首先，在开展思政课理论教学时，要充分调查并且正确认识大学生的兴趣和学习的动机，将他们的学习兴趣和动机作为开展实践教学的切入点，让他们正确认识并理解思想政治教育。不同学生的需求也是不一样的，教师应该对此有一定的了解，在此基础之上，分析实践教学的相关内容，然后将学生的实际需求和实践教学的内容结合起来，并且对他们之间的关系进行透彻的解析，进而找到一个合理的切入点开始实施教学，这样能够充分激发学生学习的兴趣。举例来说，在课堂中要对某一内容进行研究和讨论的时候，可以先由教师来向学生说清楚关于这节课的一些要求，在学生都听明白了这些要求之后，要向学生阐述为什么要举办相关的活动，其作用是什么、有什么价值，进而再要求学生要深入、透彻地探讨活动的内容。一方面，通过这样的方式可以让学生非常清楚他们所要学习或者研究的理论知识是什么，另一方面，能够促使学生之间进行交流，锻炼他们的表达能力，提升团队协作的意识和能力。在这样一节课结束之后，其效果肯定要比传统课堂的教学效果更好。

其次，可以借助一些因素，通过这些因素激发大学生学习思政的兴趣和动机，让他们自愿并且积极地参与到思政课的各类教学活动中，需要注意的是，在选取因素时，一定要合理、科学。第一，在开展实践教学的时候，可以采用设置问题情境的方法，教师要分析授课的内容，然后针对要学习的内容或者相关的问题，为学生设置一个合理的情境，让学生对这一情境产生兴趣，在一定程度上激发了他们的学习动机。教师可以采用多种不同的方法来设置问题情境，比如说可以在课下布置一些作业，让学生自己在课余时间去查找、搜集资料，加深对理论知识的学习和理解；还可以在课堂提问，让更多的学生参与进来；第二，对于学生在教学中的表现，教师要及时给出反馈，对他们做出相应的评价。这是因为对学生给予批评或者表扬，然后再通过一定的引导，也能够引发并维持他们的学习，并且让他们有动力朝着自己的学习目标前行。第三，大部分学生都是不服输、不甘示弱的，教师可以在教学中利用大学生的这一特点，用科学、合理的方法，让越来越多的学生参与到教学活动中。比如说，教师开展实践教学时采用的方式是演讲比赛或者辩论赛，那么在教学活动结束之后，教师可以对参与的同学进行一个排名，这样不仅让成绩好的同学有了下次参加教学活动的积极性，也激发了排名靠后的同学的学习动力，争取下次取得更好的成绩。

4.提高社会各界对思想政治"金课"实践教学的认识

"思想是行动的先导和动力，只有认识到位，才能行动自觉。[①]"因此，只有社会各方正确认识高校所开展的实践教学活动，全面了解思政课实践教学的意义和价值，才能在行动上支持思政课实践教学的系列教学活动。从这个角度来看，当前的思政课实践教学系列活动的开展存在的诸多困难，社会实践教学活动开展遭遇的困难尤其突出，这与社会对其理解和认知偏差有很大的关系。高校思政课实践教学大部分活动形式是需要走出静态的教室，走出校园，进行社会实践。社会是最大的一所学校，可以学到很多大学里学不到的品质、心性、意志、眼界等，所以需要社会的大力支持；社会应当与学校一同，为学生的思政社会实践创造环境和条件。

社会对大学生思政课程的社会实践应当尽其所能地去接纳，不管是城市街道

---

① 只有思想重视才能自觉行动[N].中国质量报,2017-09-25.

还是乡镇村社，是企业还是单位，对于尚未踏入社会的大学生来说都是难得的机会。实际上，这也是一个互利共赢的过程，是高校资源与社会资源的交流和互鉴。对于社会来说，是高校资源向社会民间的流动，对当地或者企事业单位来说是新的发展机遇，对于大学生来说，社会的真实现状毕竟不同于书本中的内容，从中可以得到很大的收获。从这个角度来说，社会各界也应当支持思政课的社会实践教学，这对人才培养和对国家建设都是有利的。

（二）加强高校思想政治"金课"实践教学队伍的建设

新时代高校思政课教师队伍的质量关系到高校立德树人这一目标的实现。思政课实践教学以开展活动为中心，活动设计与组织的好坏，直接影响实践是否算是一个成功的实践。教师作为活动的策划者和指导者，在实践活动中极其重要，因为他们肩负着活动设计和监控活动动向的职责。因此，教师素质是思想政治"金课"实践教学的直接影响因素，这个素质包括理论修养、教师修养，以及执行能力等综合素质。但是，实践教学是一个全方位的活动，牵涉很广，教师虽然有着直接影响，但还需要社会各界的全力配合。个人能力再强，仅凭一个人的单打独斗同样是无法完成任务的。总之，思政课实践教学要想有效、有意义，使得学生有所收获，实践单位有所收获，首先应当注重教师素质的培养和提高，教师要有积极性，有专业能力，也要有活动执行力。

1. 为思想政治"金课"教师创造必要的物质条件

思政课实践活动需要由相关的教师来组织或者策划，如果想要呈现出一个水平比较高的实践教学活动，需要思政课教师具有较高的素质，这不仅需要教师自己去学习，提升专业素质和综合能力，还要给教师提供一定的保障条件。

首先是物质条件，可以说物质是基础，教师的发展离不开相关的物质基础。这里的物质基础有两方面的含义，一方面，指的是开展实践教学活动中所需要的物质准备，另一方面，指的是教师在发展与提升当中所需要的一些物质保障，只有给予了教师一定的保障，他们才能后顾无忧地投入教学研究中，才能对自己的事业更加热爱。从宏观上看，物质基础可以分为两方面的内容，一方面是物质奖励，另一方面是政策保障。从物质奖励方面来看，通常来说，对于教师的奖励与惩罚的相关措施，每个学校都有相关的规定和政策，比如说教师评优、职称评级等，但是，当前的一些规定和政策比较偏重精神层面，物质奖励方面也有一定的欠缺和不足。教师投身于教育事业，热爱教育事业，他们时刻感受着这一职业给他们带来的光荣和责任。但是，如果说仅仅对其进行精神上的奖励而缺少物质方面的奖励，教师对这一职业的热爱难免会有所减弱，不论哪个行业都是如此。另外，教学设计并不是一件简单或轻松的事，一个好的教学设计需要教师投入相当外的精力，尤其是对于开展实践教学活动需要投入的精力更多。教师在设计教学的时候首先要做到的就是计划要严密并且能够灵活应变。活动中要统筹把握，兼顾到每一个学生，观察到方方面面的细节，过程中要对整个活动进行把控，在应对突发事件的时候，要灵活变通，这对教师来说，并不是一件简单的事情，在实践活动结束之后，还要对学生的表现进行评价，对实践活动进行反思等。所以我们说这不仅是一项体力劳动也是脑力劳动。基于此，我们要对教师给予一定的物质奖励，让他们保持教学热情，更加积极地投入下一次的教学活动中。

在政策方面，学校应当给予高度的重视，一方面，政策的缺失或政策的反复变化会影响教师教学的态度，另一方面，会影响教师队伍的建设和发展，不利于教师队伍的扩大。学校在制定相关的政策时，要考虑到以下几个方面的因素，首先，是针对学校现有的教师队伍，政策应该是相对稳定的，同时还要让教师感到友好，这样会给教师带来稳定、可靠的感觉，让教师能够安心地长期发展，不用担心政策反复变化而萌生辞职的念头；其次，对于教师方面人才引进，政策的制定应该凸显出一定的优势，能够吸引优秀的人才以扩充本校的师资队伍。人才的引进所带来的影响不仅仅是在人才数量的扩充方面，他们还能够带来更多新鲜的观点，让整个教师队伍充满活力；最后，是对外部力量的借助，在制定政策的时候，可以借助外部的力量，因为他们具有丰富的实操经验，会给政策的制定带来有益的帮助。例如可以向实践基地的工作人员询问他们的看法，或者请教实践教学方面的专家学者等。

2. 加大对教师在思想政治"金课"实践教学业务能力的培养力度

高校思政课实践教学是一项复杂全面的活动，牵涉颇广，在活动准备的阶段，对教师所提出的要求不仅仅体现在专业素养和教学技能方面，更体现在综合能力方面。因此，学校应当在教师培养上花费更多的心思，投入更大的力度，除了关注教师的专业能力，还应当关注综合素质，这样才能建成一个真正能够组织实践活动的高素质教师队伍。

首先，为有脱产学习、全日制进修意愿的教师提供支持，这主要表现在政策方面。思政课本身就是一个与时俱进的学科，教师不仅应该有与时俱进，跟上时代的观念，也应当在此方面付诸行动，不断学习，提高自己的能力和水平。而脱产学习是指暂时放下自己的事业，全身心投入新阶段的学习中，是最直接也是最有效的路径。

其次，学校应当积极主动地组织教研互动。不管在什么时候，集中学习和集体教研活动，在教学中都是不可或缺的，包括集体备课、集中学习及教师之间相互的听课等形式。充分发挥集体的作用，集思广益、相互学习、相互借鉴，达到共同进步的效果。这是单方面的个人学习所不可替代的。

最后，相关资料的丰富和资源引进体系的完善，对于高校教师来说，专业资源是很重要的，主要指图书馆、教研资料、内部刊物等等。这些是进行教研活动的基础和必须。因此，学校应当时刻关注教师的资源需求，对其合理需求最大限度地满足。这样才能让教师时刻让自己处于专业一线，时刻掌握时局变化，时刻了解到最新专业理论成果，从而做到与时俱进，提升素养。

3. 打造一支立体式的思想政治"金课"实践教学队伍

开展思政课实践教学，仅仅依靠本校的思政课教师是远远不够的。构建思政课实践教学队伍，要树立"大思政"的格局，充分调动高校、社会各方面的力量来为思政实践教学服务，高校的辅导员或其他专业课教师、科研机构、社会企业的相关人才都可以作为思政课实践教学队伍的一员，最终建立一支立体式的实践教学队伍。

与思政理论相关的实践教学是一项重要的工程，为了确保相关的教学工作能够顺利地开展，必须要组建出一支以思政教师、共青团干部、党政干部为主的教学队伍，还要积极地鼓励更多的专业课教师、高校辅导员参与到实际的实践教学过程中。

在相关的实践教学队伍中，起着关键性作用的人员除了思政教师，还有高校辅导员。辅导员对学生的具体情况有更加清楚地了解，并且其有着较强的组织能力。如果辅导员可以协助开展相关的教学工作，不但能够使思政教育得到有效的普及，还能够使相关的教学工作更具有针对性，从而为取得良好的教学成果奠定一定的基础。如果在开展思政教学的过程中，鼓励更多的辅导员参与其中，不但能够使相关的教学工作更具实效性，与此同时，还可以有效地提升辅导员队伍的综合素质水平。辅导员与思政课教师作为高等院校开展各类活动的主要力量，思政教育的开展也需要由这两支队伍共同完成。对于辅导员与思政课教师而言，其在开展具体的思政教育工作时，与思政相关的系统仍然有待整合，且还有很多可以改进和完善的方面。充分调动高校思政课教师和高校辅导员的力量形成教学合力，一方面能够推动思政教师队伍的发展，另一方面能够促进思政教学任务高效完成。要充分发挥高校辅导员在思政课实践教学中的作用，对辅导员的科研能力和教学能力提出了一定的要求，只有他们自身具备了相当的能力，才能够承担思政教育的相关工作。在提高其科研能力方面，可以通过高校辅导员兼职思政课教师这一途径来实现。从高校层面来看，高校可以制定相关的政策来鼓励符合条件的辅导员去竞选思政课兼职教师，当他们成为兼职教师之后，就有了科研的平台，可以提升他们的科研能力，另外他们还可以作为思政课教师的后备人才。在高校中，有部分辅导员的研究方向正是大学生思想教育，这部分辅导员如果成为思政课实践教学的兼职教师，通过兼职教师的工作可以促进其科研的发展。除此之外，还可以对辅导员进行相关的培训，培训内容以马克思主义理论等相关的思政教育内容为主，培训中思政课实践教师也可以加入，让他们在培训的过程中沟通交流，不断磨合，相互促进，共同发展。高校辅导员也应该自身加强重视，不断提升自己的教学能力、科研水平，让自己能够胜任这份工作。在科研工作中，思政课教师和辅导员要真正融合发展，不能出现两者分离、割裂发展的现象。在开展思政教育工作中，两者如果能够相互配合，那就可以促进高校育人这一目标的实现。可以通过以下两个方面加强这两股力量的有机整合。首先，是在日常的实践教学过程中或者在科研工作中，两者可以共同参与。其次，要建立合理的沟通与反馈机制，让两者能够有科学、及时的沟通与反馈。例如，辅导员在日常的工作中会了解到学生的思想状况，如对教师的评价、对课程的看法等，那么就要及时将这些信息反馈给思政课的教师，让思政课教师也能够及时掌握学生的思想动态，两者可以对大学生的问题进行探讨，而后在对教学做出及时的调整。反馈机制要体现在教学的整个过程中，在实践教学完成后要有反馈，在学期中、学期末也要有相应的反馈，让高校思政教师和辅导员能够及时交流、改进问题、调整思路，在两者的相互配合中实现合力育人。

（三）加强高校思想政治"金课"实践教学的管理

开展思政理论相关的实践教育对于提升学生的整体素质水平有着极其重要的作用。为了取得良好的教育成果，思政课实践教学就要充分地发挥出其所具备的优势，因此需要对实践教学系列活动进行科学有效的管理。协调是管理的本质，对相关的实践教学活动进行管理，实际上就是对相关活动进行协调的过程，必须要确保实践教学能够以更加合理规范的形式进行。在这里主要借助于相关的管理要素，分别从管理制度、管理途径及管理方法层面进行分析，从而探索出更加科学有效的教学方式。

1. 健全思想政治"金课"实践教学的规章制度

对于思政理论相关的实践教学而言，应当结合实际的发展状况，建立出更加合理有效的规章制度。因此,不但要站在宏观的角度上对这一实践具体经费投入、组织机构,以及实施意见等进行有效的分析,还应当站在微观的角度上对教学大纲以及具体的实施程序进行确定。例如,从宏观的角度上来看,需要建设的规章制度有:《关于实施思政理论实践教学的意见》《关于指导思政理论相关的实践教学领导小组的职责》等;从微观的角度上来看,需要建设的规章制度有《优秀调查报告的表彰办法》等。

在开展与思政理论相关的实践教学时,除了要重视建设合理有效的规章制度,还应当加强对管理人员的监督,确保相关的规章制度能够被贯彻落实,使其能够充分发挥出实际作用。因此,需要借助外部力量或者高于学校的力量来对学校内部相关组织管理机构进行考评,高等学校的教育行政管理部门则是考评主体,在我国,教育部是高等教育的管理者,高等学校教学指导委员会、教育部高等教育教学评估中心等教育管理部门应当充分发挥其作用,把思政课实践教学作为考查学校思政课教育效果的重要内容,并将其作为学校各种荣誉奖项评估、硕博学位点评估的重要考量。另外,各级科研立项管理单位要树立实践教学的导向,一方面,将实践教学纳入教师个人申请科研项目的考核范围,另一方面,适当增加"实践教学"科研立项。总之,需要对高校组织管理机构提出更高的要求,使其对执行工作有较高的重视度,并且通过共同努力,共同营造出一个良好的环境,确保相关实践教学的开展能够更加规范化、合理化。

2.建立学校各部门协调合作的管理

高校思政课实践教学活动涉及面广,并且比较复杂,要想顺利开展思政课实践教学并高效执行、取得良好的效果,就需要协调思政"金课"教研室的教学活动,学校相关的部门也要发挥自己的力量,给予一定的支持和配合。

首先,对于思政课实践教学的安排与计划,各科研教室要合理、科学。目前,高校思政工作主要是由马克思主义学院承担的,根据思政理论课的五门课程,划分了不同的教研室。马克思主义学院承担着高校思政教学的重要任务,对于教学计划的安排就非常重要。思政课实践教学不仅包括了课堂实践教学,也包括课外实践教学,这就要求在教学计划中,教研人员不仅要对课堂实践教学进行科学的安排,还要充分考虑课外实践教学的安排与规划。为了形成统一科学的教学计划,在这一学期结束前,马克思主义学院各个教研室的教师和相关的负责人员要及时组织开展教学研讨会议,经过各方人员讨论之后,制订出下一学期思政课实践教学的计划预案。在这之后,各教研室的主任组织教师及相关人员开会,在会上对下一学期的课外实践教学计划做出总体部署。这样思政课教师在开展实践教学的时候就有了总的方向和指导，任课教师根据实践教学总计划对下一学期实践教学开展的具体事宜进行安排，比如说确定实践教学的组织者、实践教学的地点、开展实践教学的经费预案及相关设施的准备等。任课教师制作出的详细计划需要以书面资料的形式，上报至教务管理部门，一方面，可以让学校教务管理部门提前悉知教学计划，让教学计划能够顺利进行，另一方面，则是在上级部门对教学工作进行检查的时候有所参照。那么在后期的实践教学开展中，教师就要参考已经制订好的实践教学计划并严格执行，同时，对每一次实践教学活动进行记录和总结。

其次，思政教学部门要与其他部门协同工作，合力育人，这就要求加强与协同部门之间的联系，对他们之间的工作进行合理调配。比如说思政课实践教学内容可以融合其他部门的实践活动，例如青年志愿者活动，也可以是思政实践教学的重要内容之一。同时，在这方面的组织工作上，不能仅仅依靠思政课教师，学校的主管部门要承担起责任，负责联系各部门并协调各方工作。高校可以成立一个领导小组，我们可以称之为思政"金课"实践教学领导小组，小组的组长由党政领导担任，小组的工作主要是从宏观上对高校思政课实践教学活动进行指导和规划；在小组下面设立教学指导办公室，主要任务是协调各方的工作，促进思政教学部门和协同的部门的合作，组织对实践教学中发现的问题、遇到的困难进行探讨和研究，提出解决的方案；思政实践教学具体的组织还是要由思政课教学部门来承担，他们要制订出针对实践教学的具有可行性的方案和计划，并对实践教学的相关工作进行管理。

3. 构建科学的思想政治"金课"实践教学评价方法

对思政理论相关的实践教学进行合理组织并规范管理，也就是需要通过合理的方式加强对相关的教学评价方法的管理。就目前的形势来看，由于与思政理论相关的实践教学活动在开展的过程中仍然面临着多种问题，与这一教学相关的评价系统还未得到有效的完善。因此首先需要结合自身的发展状况，确立相关的评价原则，从而制订出一些合理有效的评价方法。

第一，要制定出评价的原则，评价原则要科学有效。思政课实践教学活动从本质上来说还是思想政治教育活动，因此，实践教学的内容要求应该和理论课教学内容一样，有着比较高的要求。此外对评价实践教学活动要参考的不仅是教学目标实际完成的情况，还要考虑到在实践教学活动中学生的表现。

总而言之，在对这一实践过程进行评价时，需要遵循的原则主要包括以下几点。其一，将价值观、情感、态度、能力、知识进行有效的结合。开展与思政理论相关的实践教学，其主要的目标是使学生的价值观、情感态度、能力水平及知识水平等均能够得到有效的提升，因此在开展实际的教学过程中，教师应当注重引导学生参与更多的实践活动，使学生不但能够学习到更多的理论知识，还能够提升其实践能力水平及综合素养水平。因此，在进行具体的评价时，需要将政治素养、实践能力的提升，以及知识水平的提升作为主要的参考依据，从而对学生进行合理的评价；其二，需要时刻坚持终结性评价与过程性评价统一结合的原则。对于不同的学生而言，由于很难确定其所取得的实践效果及教育活动之间的关系，也不能确保相关的实践过程均是在教师的监督下进行的，所以实践教学过程也有着较高的开放性，很难对学生的实际思想变化进行有效的考查。由此可以看出，在对于实践效果进行评价时，必须要将终结性评价与过程性评价有效结合。例如，可以采取社会调查这一形式展开相关的实践教学，不但要对学生在调查期间的具体表现进行有效的评价，还要对具体的调查结果进行合理的分析，从而综合评价学生的具体表现，还需要将相关的评价结果以调研报告的形式提交。

第二，结合实际情况制订出科学有效的思政课实践教学相关的评价方法。衡量一种评价方法是否科学有效，主要是看这种方法能否贯穿整个教学过程。合理的评价方法往往能够有效考查学生的价值观、情感态度、能力及知识等多个层面，例如可以借助操行评分法及讨论评分法等方式，通过对学生的最终表现进行合理的分析，并且对其做出终结评价。除此之外，还可以采用调查报告这一形式对学生进行评价。

常用的评价方法主要包括以下几种：其一，讨论评价法。这种方法通常被应用至各种课堂教学的过程中，通过这一评价方法，能够对学生的具体表现做出合理的评价，与此同时，也可以对学生产生一定的激励效果。虽然这种方法会受到时间的限制，在课堂当中无法确保所有的学生都能够发表自己的观点和言论，为解决这一问题，教师可以提出让学生在课堂以外的时间里，以发言稿的形式来表达自己的想法，在查阅了大家的发言稿以后，教师在第一时间对其进行评价。其二，操行评价法。主要是评价在实践教学活动的开展周期内学生的具体表现，包括对困难问题的克服、团队合作的开展状况，以及是否以端正的心态参与到这项教学活动当中去。该项评价工作包括学生之间的互评、学生个体的自评以及教师评价。其三，调查报告评价法。这一项评价同样由教师来完成，评价的内容包括：调查报告的学术应用性、规范性及创新性，要确认学生所提交的调查报告有没有按照预先提出的格式及字数等要求来编写、是否存在抄袭现象等。其四，竞赛获奖免考法。对这一方法进行应用的实践教学活动通常以知识竞赛为主，有一部分学生利用自身的知识储备在知识竞赛当中取得了较高的名次，特别允许这部分学生拥有免考的特权，科目考试成绩能够用对应的知识竞赛成绩来填补。例如在进行《毛泽东思想概论》课程教育的过程当中，以"纪念毛泽东诞辰周年"为主题开展各种不同形式的实践教学活动，将与"毛泽东思想"相关的理论知识作为主要内容，举办可全校参与的知识竞赛，根据竞赛结果颁发奖品给成绩优异的学生，同时给予其该课程的免考资格。这种方式可以有效提高学生在该类教学活动当中的参与度。

对于思政课实践教学，不同的学校会根据自身状况采取不同的形式来落实，部分学校会有针对性地成立教研室，让该教研室承担该项实践教学的整体任务，部分学校利用五门课程来分解该项教学内容的成绩评定，从而掌握实践教学的实际开展状况。所以，应当在对不同学校实践教学的开展方式进行了全面的考虑以后再选定合适的评价方法，针对各种实践教学活动分析其评分比例，并基于分析所得结果做出准确客观的评价。

（四）建立健全思想政治"金课"实践教学实施的长效保障机制

学校要能扛起方方面面的责任，满足教师不断产生的新的要求，首先必须建立一个完善科学的体制机制。思想政治"金课"的实践教学想要顺利开展，需要相应的学校层面的机制作为其保障，具体如下。

1. 保障实践教学时间，提升实践教学覆盖面

课时是课程顺利开展的基础，对于"金课"堂和实践课堂都是如此。有效的时长才能让实践活动能够按计划充分进行，有所成效，而不是走形式。

首先，应当在教学培养方案中对时长数量和占比有一个明确具体的规定。思想政治课程既然包括理论学习与实践学习两个部分，那么两个部分各自的占比，必须依据其重要性和必要性来做预先的考量，而不是得过且过。对于这个数据的规定，应当根据具体教学任务的安排来制订；还应该根据学校的特点来制订，不同学校的学期长短、专业安排都是不同的。例如，复旦大学明确规定思政课实践教学占三分之一的时长，而其他学院并不如此。量身制造才是最为合适和最有效的。

其次，什么时间安排什么教学任务，也必须有一个预先的安排。因为实践活动牵涉甚广，社会合作单位没有义务随时随地做出配合，不像课堂理论教学比较方便安排。另外，每个学生也有自己的时间安排和专业学习计划，在大学人才培养中，步调并不一致。加上教师人数有限，不可能一次性组织大规模、多人数的

实践活动；对合作单位来说，也不能一次性接待众多学生，需要根据单位的情况和具体工作的情况而定。第一，首选假期，学生时间比较自由，例如国庆假期就是比较好的选择。第二，充分利用好重大节日，借机进行实践活动和主题教育。第三，根据不同学校的特殊安排选择时间段，比如利用小学期，利用开学准备时期等等。当然，更多的学校选择了寒暑假，这样可以更自由更充分地开展活动，例如"三下乡"活动、社区志愿服务活动等。

2. 加大经费投入，保障实践教学顺利开展

思政课实践教学是与思政理论的息息相关的，所以它的涉及面很广，是一个系统的工程，那么充足的经费就是保障实践教学活动开展的首要条件。党中央曾经指出，要对教学经费相关问题有足够的重视度，使其能够符合生均元的相关标准及要求。因此，高校要做好相应的准备，以便更好地配合开展实践教学活动，高校应该在客观考虑学校实际情况的基础之上，明确思政课实践教学的需求，在制定高校年度预算的时候，把思政课实践教学所需要的经费也加入进去，可以设立一个专门的款项，这一款项就是针对实践教学所需要的。除了资金保障之外，基础设施的保障也非常重要，高校应该加强对教学所需要的硬件设施的投入。当前，对于高校教学设备、硬件设施的建设，国家和一些地方财务部门都提供了一定的资金支持，以确保能够保障高校教学顺利地开展。思政课实践教学活动，可以利用相关的设备，比如投影、录像设备等，这样可以进一步提升实践教学的教学效果。除了借助学校的设施之外，还可以联系社会各界，让他们提供支持，也可以运用比较先进的科学技术。总之，这些都是为了实践教学活动的进行，只有同时兼顾思政课实践教学活动和理论教学，才能够完善思政教育体系，提升思政教育的实效性。

3. 加强基地开发与建设，保证实践教学的规范性与持久性

在开展各项实践教学活动的过程中，实践活动的顺利开展，也离不开教学基地的支持。为了确保实践教学更加合理化规范化，必须要选择符合自身发展需求的教学基地。首先，对于各大高等院校而言，其应当先确认人才培养的具体要求及目标，再结合实际情况对教学内容进行合理安排，还要根据学校的实际条件及学生的个人需求等，确保教学活动能够与教学目的相符，建立出更加稳定规范、设施健全、形式多样的教学基地。对于相关的学校而言，应当充分发挥自身的优势能够充分地发挥出来，结合实际的教学内容，选择更加合理有效的教学场所。与此同时，学校也应当将本地特色与各种教学活动相结合，可以借助于相关企业或事业单位与政府部门之间的合作，共同建立更多的实践基地；学校还应当加强

与企业或事业单位之间的交流,并且积极地与其进行协商,选派一部分学生到相关单位内进行实践。其次,对于相关的学校而言,不但要利用各种社会资源、企业单位和事业单位的力量,在对相关的人才进行培养时,以互惠双赢、合作共建、资源共享作为主要的原则,使相关单位所面临的压力能够有效减少,在使学生能够得到锻炼的同时推动企业的发展。最后,对于相关的企业而言,企业应当通过多种方式提升企业的社会责任感,改变传统的用人观念。结合自身的发展状况,制定出合理有效的管理机制,并且以合理的方式鼓励更多的大学生参与相关实践,从而使大学生能够通过企业提供的相关平台得到能力的提升。

第三节　高校思想政治课的评价体系建设与完善

一、高校思想政治课的评价体系内涵

深入分析高校思想政治"金课"教学评价的内涵是深化高校思想政治"金课"教学评价指标体系研究的内在需要。

(一)教学评价体系

评价,原意是以一定的标准对事物做出价值判断。通过评价人们依据一定的价值尺度,认识并改造客观世界,从而达到一定的目的。教育活动在本质上是一种具有价值意义的社会实践活动,自然离不开评价。其中,教学评价属于教育评价中的一个重要环节,是对课程教学过程进行评价。所谓教学评价,一般是指依据规定的教学评价标准,对教学过程中的教学效果给予检测和考核,通过客观衡量和科学判定为教学质量的提升提供信息和依据的系统过程。在整个教学评价过程中,评价的重要对象是教与学相互碰撞的全部教学活动过程及所有产生的教学结果,这种教学过程与教学评价相统一的现象,正是现代教学评价的一个基本环节。一般来说,教学评价在宏观上是对整个教学的评价,在微观上即体现为对教学基础硬件的评估,还包括对教学氛围等的微观评价,既包含对教育者的评价,还包含对教育对象的评价,只有这种蕴含了评价标准、评价主体、评价指标、评价结果等完整步骤的教学评价,才能更加全面综合地、客观地评估教学效果。

(二)思想政治理论课教学评价

思想政治理论课教学评价是对这一个课程教育教学活动做出的公正客观的评

价，在评价中，评价的主体是主要包含政府教育行政部门、教育科研机构及高等学校；评价的依据是党和国家的教育方针和教育目标；评价的内容全面，涉及在教学过程中运用的教学方法，对于学科教学的建设，教师在教学过程中对学生的管理，学生最终的学习效果等；评价过程中首先是要收集相关的教学信息，并对其进行判断和分析，之后运用一定的方法、手段对相关内容进行全面、客观地评价；评价的目的是为了促进教学目标的实现，并为思政课改革提供相应的依据。合理并科学的评价不仅可以有效地检查高校思政教育教学的实效性，总结教育教学过程中出现的问题，考量大学生思想政治素养，还能够作为一种依据，来提升思想政治理论课教学质量，凸显理论课教学活动的效果。

二、高校思想政治课教学的评价指标体系内容

在这里，我们对高校思想政治理论课教学评价指标体系进行了深入的探讨，目的是将思想政治理论课教学评价内容转化为一系列可测量、可观察的标记。

（一）评价指标

在《现代汉语词典》中，指标的意思是"计划中规定达到的目标"。目标具有一定的原则性和概括性，并且是抽象的，在评价学中引入指标这一概念就是为了一层一层地对目标进行分解，形成许多子目标，经过分解形成的子目标不再是抽象、概括的，而是具体的、具有一定的操作性，在反应评价内容的时候就可以通过对子目标的评定来实现。从评价学的观点来看，指标是一种具体的、可测量的、行为化的评价准则，是根据可测量或可观察的要求而确定的评价内容。它用外在的行为表现内在的思想，用具体的项目来反映抽象的内容。那么，评价指标就是一种因素，这种因素能够反映评价对象，是通过对目标进行的分解得到的，并且分解时以评价目标为中心。

（二）评价指标体系

评价指标体系是在对一项工作的测评过程中产生的，测评的对象是这一工作实施的过程和结果，测评具有目的性、指向性的特点。在《教育大辞典》中，评价指标体系是一个有机的整体，其主要组成部分是被评价对象目标的、相互联系的指标。通常情况下，一个评价指标体系要能够正确地回答三个问题，也就是"评价什么""如何评价""评价程度"，所以说，一个评价指标体系通常包含了以下三个部分：一是评价指标，二是评价标准，三是指标权重。何为评价指标？评价

指标明确地体现了评价对象的本质属性和特点，在设置评价指标的时候可以划分出评价的每一个维度的界限，将评价内容分为不同等级，这样每一层级的评价指标就处于同一种层级关系之中，比如我们经常能听到的三级指标、二级指标、一级指标就是如此。何为评价标准？在评价指标产生之前评价标准就已经存在了，评价标准并不是绝对的统一的，但是评价标准的制定方面，存在一些共同的内容，这是由于在对某一事物进行评价的时候，在很大程度上评价目标和评价期望是有共同点的。何为指标权重？指的是依据统计学原理所反映出来的指标之间的联系，以及各个指标在评价指标体系中能产生的作用和发挥的价值，指标权重有利于对评价对象做出评定，这里的评定是数量化的。

（三）高校思想政治理论课教学评价指标体系

高校思想政治理论课教学评价指标体系是一个有机统一的整体，是在对思政课教学目的和任务总体目标进行了逐层的分解之后，由分解所形成的诸多详细的、明确的评价指标所构成的，这些诸多的具体的评价指标处于相互联系之中。

对于如何构建思政理论课教学评价指标体系这一问题，不同的学者有不同的观点和看法。部分学者认为，在构建评价指标体系的时候，要围绕着教学双主体也就是教师和学生展开，在这种观点下，教学指标体系构建所要考虑的内容主要有以下六个方面，一是教师教学过程中的指导思想，二是教师教学过程中的态度，三是教学的内容，四是教师在教学过程中采用的教学方法，五是教学最终取得的效果，六是对教学的评价。另一部分学者认为思政理论课教学评价的内容应该以教师为主，在此基础之上，对教师教学进行划分，可以分为以下四个方面，分别是教师的教学态度、教学内容、在教学过程中教师采用的教学方法和手段，以及教学最终取得的效果。还有部分学者对指标进行了分级，将评价结果分为四个等级，分别是优、良、中、差。上述的不同的学者的不同观点都有各自的优势。

三、教学评价指标体系构建的功能及主要特点

（一）主要功能

教学评价是通过设置一套科学的评价指标体系，旨在对高校教学情况形成比较全面、客观的认识。一般来说，高校思想政治理论课教学评价活动同样符合一般性的教学活动所固有的导向、鉴别与选择、反馈、咨询决策、强化、竞争等功能。现在处于思政理论课改革的特殊时期，评价指标体系的构建也体现出了新的特点。

1. 引导与规范

评价指标体系的构建全面、客观、科学地反映了评价客体的本质和内在联系，是由对评价客体总体性认识转化为更深入的局部认识的过程，整个过程也很好地体现在了各项指标的权重方面，从而获得对思想政治理论课教学评价的一致认识，并最终构建出一套科学、合理的评价指标体系。从人类的具体实践活动看，评价活动是更接近实践活动的认识活动，具有明显的导向作用。具体到思想政治理论课教学实践中我们可以看到，思想政治教育评价的核心主要是其价值的实现，一方面，这种价值的导向功能体现为引导大学生树立正确的价值观，更好地促进和激励大学生成长和发展；另一方面，这种在实践中的强烈导向作用，也成为课程教学改革的突破口。同时，有了系统的指标体系的运作，高校思想政治课教学活动就有了评价标准和改进方向。高校思想政治课教学的评价不是为评价而评价，它是以教学成果为准的、为获得更高教学质量而服务的一种工具，通过评价获得评价结果，再依据结果中出现的问题发现本质，进一步提高高校思想政治课教学的效果和质量。

2. 反馈与改进

在思政课教学评价中，首先要对教学的效果进行检查，这样有助于清楚正确地把握理论课教学的真实情况，探讨教学的实际效果，考查教学的目标有没有实现，进而和之前设定好的预期的教学目标进行比较，只有这样才能够对思政理论课教学做出相应的调整和改进，这体现出了教学评价指标体系的反馈与改进功能。反馈就是反馈出真实的情况，改进就是根据已知的反馈对思政课教学进行改进，这是教学评价指标体系的基础功能之一。对于信息做出及时准确的反馈，能够让教师发现学生存在的问题，了解学生学习的实际情况，根据学生的表现来总结出教学过程中的不足和优势，在这个基础上，对自己的教学方法和教学策略做出针对性的调整。我们说教学评价指标体系是由诸多分层级的指标构成的，高校思政理论课的教学评价指标体系也是如此，对于其中每一个具体指标的考查都能够帮助教师更好地实现教学目标。

3. 激励与鞭策

评价的内涵是丰富的，其中也包含着对评价对象自身所拥有的价值的评价和判断。我们通常说评价是对评价对象外部的一种督促和控制，在这里评价的内涵更加丰富，除了上述所说的之外，评价是一种观察和分析，这种观察和分析我们可以称之为审视，是对某些个行为的审视，也正是这样的内涵促使评价产生了激励的力量。有学者指出："教育评价是教育中的为教育而进行的评价"，这种观点就是说教学评价是为了人的发展。对思想政治理论课进行教学评价，能够调动教师的积极性，让他们在教学中更好地发挥自己的主动性、创造性，这是因为进行教学评价的时候充分尊重了教师的教学劳动；思政理论课教学评价也包含了对学生学习的评价，在评价的过程中，遵循"以人为本"的原则，正是因为如此，让学生的需要得到了关注，是从学生本身出发，为了学生的成长与发展，教学评价才能够让学生在学习中发挥自己的主观能动性，不断提升自己。

（二）主要特点

1. 在价值选择上具有鲜明的政治性

高校思想政治教学具有一定的政治性，这是因为思想政治教育本身就具有一定政治性。在学校思想政治理论课教师座谈会上，习近平总书记提出了思想政治理论课改革创新"八个相统一"和对思想政治理论课教师"六条标准"的殷切期望与具体要求。在思想政治理论课改革创新中，居于首位的就是政治性和学理性相统一，也就是说在回应学生的时候，要运用透彻且深刻的学理分析；在说服学生的时候，要用正确的思想理论；在引导学生的时候，要运用真理的强大力量，只有这样，学生才可能发自内心地去学习思想政治理论课，并在学习中爱上这一门课程。在"六条标准"中，第一个要求就是政治要强，也就是说政治素质是第一位的，只有政治强，才能有坚定的政治立场，才能够在日常看问题的时候从政治的角度出发，才能在大是大非面前保持政治清醒。高校思想政治理论课是高校对大学生进行思想政治教育的主要的途径，其目的就是为了让学生通过对课程的学习后，对马克思主义理论有深刻地理解和把握，在解决实际问题中能够运用马克思主义理论，为我国社会主义的建设和发展贡献自己的力量。从这一层面来看，在思政课教学评价中居于第一位的也应该是意识形态问题，这就要求教学评价要和社会主义核心价值观相符合，不仅要能体现出当今社会对大学生发展的要求，也要符合大学生自身发展的需求。基于此，在教学评价的内容方面，也要注重考查教师对学生的政治能力的培养，比如在教学过程中，教师对马克思主义理论的教授能力，对当今社会主导思想的传播能力，以及学生思想品德的状况、学生在实际问题的解决中运用马克思主义理论的能力。总而言之，在教学评价过程中，要一直坚持鲜明的政治性和坚定的政治立场，教学评价要与党和国家的思想理论体系和路线方针政策所体现的政治方向保持一致。

2. 在评价对象上具有一定的针对性

高校思想政治理论课教学评价具有特定的评价对象。考查高校对学生进行马克思主义理论等内容的教育所产生的实际影响，取得的教学效果，这是对思想政治理论课进行评价的主要目的。也就是只考虑这一课程对学生有什么样的影响，经过课程的学习，学生思想品德有何变化，但是学生的思想品德受到多方面因素的影响，那么在评价的过程中，就要排除其他因素的影响，只有这样我们才能够得出一个公平公正、客观合理的评价结果，才能真实地了解在学生思想品德发展过程中，这一门课程能够产生什么样的影响，发挥怎样的作用；教学评价不仅能对学生的思想品德产生影响，对这一门课程也能够产生影响，客观、合理的评价能够推动课程的建设和发展，将理论课程变得更加具有吸引力和感染力，最终提升教学的实效性。教学评价的范围比较广泛，不仅要对教师、学生进行评价，还要对课程本身、教材等进行评价，且教学评价的重点或核心是教师的教学及学生的学习。其原因是，教学评价的对象都处于教学过程之中，并且是通过位于核心地位的教师、教师的教学、学生及学生的学习连接起来，简单来说，我们可以把教学的过程看作师生互动的过程。所以说，教学评价的对象和每一个教学环节都是有所关联的，并且需要有一定的针对性。

3. 在评价目标上具有高度的复合性

高校思想政治理论课教学目标并不是单一的，这也就使得教学评价具有复合性。美国教育心理学家布鲁姆（Bloom）将教学目标分为三个层面，分别是认知领域、情感领域和动作技能领域。根据布鲁姆的观点，高校中的大部分课程教学目标都是认知领域，只有极少数的课程涉及这三个领域内的任意的两个领域。但是，思想政治理论课是高校课程中少有的交叉型课程体系，其教学目标对这三个领域都有所涉及。也正是因为这一课程教学目标的复杂性，使得其教学目标具有了复合性的特点。这一特点对学生提出了更多的要求，从认知领域来看，学生要理解并掌握相关的理论，并学会运用与分析；从情感领域来看，学生通过学习形成正确的思想意识、价值观念；从动作技能领域来看，学生要将学习的理论知识外化，在实践中应用知识，最终实现知行统一。综上所述，高校思想政治理论课评价指标体系指一个综合的评价体系，涉及知识、技能、情感、态度、世界观、价值观等内容，在具体的评价过程中，不仅要考查教师的教授能力，还要对教师与学生沟通交流的能力进行考查。对学生的评价，一方面要考查学生理解知识、掌握知识、运用知识的能力，另一方面还要考查学生在思想、情感、实际行动中的变化。

四、教学评价指标体系存在的主要问题

高校思政课的教学评价一直是理论研究的热点和实践关注的重点，现阶段高校思政课评价的各类指标体系不尽完善，难以满足思政课改革与实践的需求，主要存在四个方面问题。

（一）教学评价指标缺乏科学性

首先，高校思政课教学评价是综合性评价，相应地需要构建多维度的评价指标体系，但目前高校思政课程评价指标比较单一，单维度的评价较多，多维度评价能力不足。虽然在有些研究中也尝试从多维的视角构建高校思政课程评价指标体系，但指标体系中评价指标的选取缺乏合理性，不足以支撑多维度评价。其次，由于思政课的教学内容复杂难以量化，没有具体明确的数字性指标可供操作，所以现阶段关于思政课的教学评价中，缺乏使用逻辑化、数量化的指标来进行科学性的定量评价。思政课是一门具有高度概念化和思维性的学科，在这一学科教学过程中主要运用的是抽象度较高的思维，而非使用逻辑性较强的思维。多数评价指标中主要强调的仍是概念化的评判，而概念化的评判相对而言具有高度的主观性和抽象性，可能会根据评价者的自我偏好，甚至可能会由某一偶然性、个性化的因素导致对同一思政课教学评价结果存在较大差异。从某种意义上来说，思政课评价指标体系的公正与否、可量化与否直接关系着该评价指标最终的代表性含义。最后，目前高校思政课评价过于注重对结果的评价，而忽略了对思政课过程的评价，使得许多量化和非量化的思政课程指标走向异化，被评价者从客观和主观上对结果导向的思政课评价体系产生了路径依赖。

（二）教学评价内容缺乏完整性

一方面，现阶段针对高校思政课的总体评价内容不完整，各类评价指标体系缺少深层次的逻辑表达，评价内容忽略学生对课程的接受程度。此外，现在高校思政课程评价内容主要集中于逻辑性判断方面。思政课程受到许多方面的影响，其课程效果总体上是内外部环境相互作用的综合化结果，所以对其评价应该是全方位、立体化的，但是现在的思政课教学评价中很多时候只是重视了逻辑性的评价表达，是对无法量化的评价内容进行的浅层次评价。这些评价仅仅是对思政课的外部行为进行的浅层次的逻辑性表达，而没有深入思政课内部对教学质量进行深层次的逻辑性表达。另一方面，现有的评价指标体系中存在评价对象单一性问题。现阶段，很多高校对思政课评价集中于专任教师的评价，虽然思政课教师在

思政课程教学体系中占有重要地位，但是思政课的教学实践是由学生、教师、学校甚至是环境关系等多方要素共同合作完成的。其中最核心的是思政课教师和学生，而现有的相关思政课评价内容主要针对的是教师的课程评价，在学生对课程接受度评价方面存在不足。

（三）教学评价方法缺乏多元性

现阶段，思政课教学评价的方法多是单一性的、传统性的。思政课的多维度综合性评价需要采用多元化的方法来实现，但目前的思政课教学评价方法仍是较为单一的课程评价。这种课程评价更加强调的是学生对思政课专职教师的主观性评价，或者是开展相关的理论研讨会、学习分享会等"粗放式"的评价。这些传统的思政课程教学评价方法在信息化、精准化教学时代，难以支撑完整的评价框架和对思政课程进行多维度评价。当前高校思政课评价指标体系更多的是一种程式化、程序性的评价，在新技术的运用、学科评价的考查框架建立，以及不同的评价体系方法选择上都有很大的局限性，这就导致现有的思政课程评价结果往往不能取得令人信服的结果，使得后续从评价结果反推改进思政课程时面临许多难题。

（四）教学评价结果缺乏权威性

高校思政课教学评价结果的权威性需要具备两个基础性条件：评价人员的专业性和评价结果的可比较性。但综合分析现有高校思政课教学评价的文献及实践可以发现，这两个基础性条件都存在明显的缺陷。一是目前思政课评价人员专业性不够强。思政课的教学评价人员素质参差不齐，一部分教学评价工作者本身就没有经历过思政课教学或者这种经历并不完整，他们还不能全面把握评价体系、教学结构变化等教学评价所涉及的内容，这就导致在教学评价的过程中出现由不专业的评价人员去评价专业的教师的问题。这会影响教学评价的客观性和正确性，可能评价的结果和教学的实际结果不符合甚至偏差很大，不能够精准地反馈出教学的效果，致使教学评价的权威性受到影响。

二是评价结果缺乏量化和可比较性。思政课评价结果往往无法形成量化的评价数据，仅仅在教学评估过程中给出"良好""合格"等所谓概念化的评价。这种评价不具有建设性，很难从因果关系上由结果反推出思政课教学的优缺点，也不能使评价结果具有权威性。

五、教学评价指标体系构建理论依据

高校思想政治理论课教学评价指标体系的构建始终以马克思主义相关理论为指导，立足于党中央和教育部关于思想政治理论课教学的要求，以学生的全面发展为导向，坚持了高校思想政治理论课教学指标体系构建的科学性。

（一）马克思主义相关理论

搭建高校思想政治理论课的指标体系时，必须要以马克思主义相关理论为基础。马克思主义认为："理论只要说服人，就能掌握群众；而理论只要彻底，就能说服人。[①]"，也就是说马克思主义强调将理论灌注和输送到群众中，只要理论是科学的、合规律的就能被群众接受并信服。马克思主义指出从人类世界发展的全局出发，揭示出人类社会发展的基本规律，这个是能够说服人、能产生实际效果或价值的理论内容。具体来说，在教育方面马克思主义的相关理论包括下面几种。

第一，马克思主义价值评价理论。马克思说过："动物只是按照它所属的那个种的尺度和需要来建造，而人却懂得按照任何一个种的尺度来进行生产，并且懂得怎样处处把内在的尺度运用到对象上去。[②]"从马克思的这句中，我们可以得知马克思认为人类依据客观世界本身的规律来改造客观世界，来满足主体的需要，在这一过程中创造出一定的价值。在这个过程中往往需要主体对客体的价值进行评价。价值评价是价值哲学的一个重要内容，是人们在实践基础上对于客体与主体的价值关系的能动的反映活动。一般来说，要使价值评价过程具有科学性，需要注意两方面的内容。一方面，需要我们清楚地认识客体的实际情况，包括客体的属性、本质和规律等，这是对客体进行价值评价的前提条件；另一方面，需要清楚地知道主体的利益和需求，从而为价值评价提供价值尺度。

除了以上两方面的保障，在开展价值评价时最重要的是制定科学合理的评价标准，这就不得不去进一步分析价值评价的要素。从马克思主义社会历史观的角度出发，要构成一种评价活动，需要具备评价的主体、客体和介体三大要素。其中，评价主体意味着谁来评价，评价客体代表着评价什么，评价介体代表着如何评价。三者构成价值评价的有机整体。首先，认清评价主体是进行价值评价活动的基础和前提。评价主体是多元化的，可以是一个人，还可以是整个社会的人，也可以是一个群体，这个群体需要有共同的利益需求。在进行评价的时候，评价

---

① 耿云志.思想如何变成物质的力量？[J].河南社会科学,2008(01):48-49.
② 马克思.1844年经济学[M]//马克思,恩格斯.马克思恩格斯全集：第3卷.2版.中共中央马克思恩格斯列宁斯大林著作局，译.北京：人民日报，2001.

主体是带有一定目的性的，如果评价主体不一样，那么他们对于利益的需求就不一样，根据各自的利益确定的价值评价的标准就会不同，最终就会有不同的价值评价方向。马克思的研究丰富了评价的内涵和意义，因为马克思将人民群众作为评价的主体，在社会实践中，将唯物主义和辩证法相统一；其次，就评价客体而言，它不一定是客观存在的事物，这是针对评价主体提出来的相对的概念，它可以是客观事物，也可以是人类生产活动的产物。在一般认识活动中，评价客体处于认识的对立面，而在评价活动中是不一样的，在这一过程中，评价客体具有一定的价值，已经被人化。也就是说，如果想要成为评价的客体，必须满足以下的要求，那就是其存在具有价值对象性。这样看来可以成为评价客体的可以是自然界中的，可以是社会活动中的，也可以是社会群体自身的实践活动；最后，评价尺度就是评价活动的介体，是串联整个评价活动的核心。评价尺度的功能主要是衡量客体满足和实现主体需要的程度。主体的需求从根本上决定价值评价的具体尺度。因此，价值评价理论的掌握有助于我们在教学评价指标体系的构建中进一步明确价值导向，把握评价的实质，从而制订出科学、符合现实的评价标准。

第二，人的全面发展理论。教学评价的根本指标就是要以教育根本目的为标准，当然，思想政治理论课教学评价指标也是如此。这一课程设置的初衷和最终的目的就是为了让人的思想层面和行为层面都有所改善和提升，最终实现全面的发展。因此，评价指标体系的建设必须考虑到的一个因素就是人自由而全面的发展，最终也要实现这一个目标。

关于人的全面发展的内容，马克思主义主要涉及以下几个方面的内容：首先是从人的需要层面来看，全面发展是人的需要。人类在开展实践活动的时候，都是以自身的需要为最初的动机，所以说需要也是人的一个本质的属性，始终推动着社会发展。一般来说，人的需要涉及自然需要和社会需要两个层面。其中，自然需要是人类为了生存必须解决的衣、食、住、行等的最基本需要；社会需要是人类与其他生物体的最本质区别，人类具备的主观能动性可以使人类有意识地进行社会生产，通过改造自然来满足自身需要。正是人的这种社会需要，才能源源不断地推动者人类社会的历史进步。

关于人的需要有多种分类的方式，从需要的属性来划分，可以分为两类，分别是自然性方面的需要、社会性方面的需要；从需要的主体来划分，可以分为个体需要、群体需要，也可以分为物质需要、精神需要等。由此可以看出，人类的需要是不同的，是多种多样的。同样，处于不同时代或者不同时期的人们的需要是不一样的，人的需要受到了当时社会生产力的制约。

其次是从人的能力层面来看，也就是人的能力的全面发展。只有人的能力得到了发展，才能够实现人的全面发展。在人的全面发展中，处于核心地位的是人的能力的发展。对人的能力的发展进行分类，可以分为很多种，比如可以分为先天能力和后天能力，根据能力性质的不同可以分为体力和脑力，根据能力的表现形式可以分为潜在能力和现实能力。通过对社会历史发展进程的观察，我们能够发现，人的能力发展方向和社会的发展方向是一致的，并且两者的关系密切。因此，马克思认为人真正地实现自由而全面的发展的时候，社会生产力也一定处于高度发展中，这个时候也就是共产主义社会。

再次是从人的社会关系层面来看人的全面发展。人的社会关系具有两个特点，分别是普遍性和全面性。普遍性所体现出的人与人之间的关系是最基本、最平等的，普遍性这一特点是伴随着社会生产力的发展而发展的，只有生产力的发展到了较高的水平，才可以说人类实现了真正的自由和平等。全面性指的是关于人的一系列的社会关系，这样的社会关系是人在社会交往中必然形成的，涉及多方面的内容，个体与个体、个体与群体、民族和国家的关系都在这一系列关系之中。人的社会关系发展的普遍性和全面性发展相结合，才能充分发挥人的社会性。

最后是人的个性的全面发展。人的全面发展不是人的方方面面的发展，相反强调的是人的个性独特性的自由发展。在资本主义社会，劳动者受到剥削，人的个性自由被深深地束缚，不能得到发挥。但是在共产主义社会，物质资料极大丰富，人的个性发展的条件全部满足，人的个性得到最大限度地发展。

马克思主义理论教育评价。马克思关于教育评价理论与高校思想政治理论课之间是共性和个性的关系，所以在进行教学评价指标体系时必须在遵循马克思主义理论教育评价理论的基础上更加客观、科学地进行构建，唯有如此才能发挥马克思主义教育评价理论的价值，从而为提高和增强思想政治理论课教学实效性提供意见和建议。

（二）人的思想品德结构和发展理论

人的思想品德的形成和发展主要有三个特征：一是长期性。人的思想品德的形成多来源于后天的教育，除此之外，个人的主观能动性、道德体验和生活阅历等也都影响着思想品德的形成和发展。良好的道德品行的形成绝非一朝一夕可以完成的，良好的行为习惯的养成是一个长期的过程。在这个过程中人会受到各种内外部因素的影响，这种多样的、非一致性的影响难免会使人的思想品德的形成出现波折和反复，这也就造成了人的思想品德形成的长期性；二是阶段性。人的思想品德的形成并非一蹴而就的，而是需要一个长期的过程，在这个过程之中，人的思想品德不断变化，在每一个阶段都凸显出不一样的特征。关于人的思想品德发展阶段，我们可以分为五个阶段，按照顺序依次是婴儿期、幼儿期、学龄期、青少年期和成年期。在每一个阶段中，影响人的思想品德形成的因素都是不一样的，各个阶段思想品德凸显出来的特点也不相同，但是尽管如此，这五个阶段依然相互联系，并不是孤立存在的，其相互之间是一个紧密相离、相互递进的关系；三是差异性。每个人的思想品德的形成都会受到各种各样的因素的干扰和影响，包括家庭、学校、朋友，个人的兴趣、能力等方面都会存在差异。这也就使得教育工作者在教育活动中必须认识到每个人才能和品德的差异，同时提出不同的教学方案。

高校思想政治理论课的评价指标主要依据人的思想品德发展过程，所以说这一评价指标借鉴了思想品德结构和发展的相关理论。在人的全面发展构成要素中，人的思想品德是一个重要的部分。人的思想品德内涵丰富，不仅包括了认知、情感等方面，还包括了人的意志、信念和信仰等各个方面的内容，由这些丰富的内容组成了一个包含多种要素的综合系统，从稳定性上看，人的思想品德是比较稳定的，一个人的思想品德能够表现出一个人的心理特点、思想倾向及行为习惯。思想政治理论课教学评价指标体系有利于促进大学生思想品德模式的建构，对此，不仅要通过笔试及实践考察等方式来掌握课堂教学的效果，还要深入调查与分析大学生对思想政治理论课教学的喜好程度和掌握程度，还要评价学生对马克思主义理论的信仰程度、对中国特色社会主义的掌握程度、对党和党组织的信任程度等，这些方面都是思想政治理论课亟须向受教育者传递的教学知识，并且在教学评价的过程中需要进一步考查的信息。人的思想品德运动发展过程主要是受教育者知、情、意、信、行的矛盾运动过程。因此，高校思想政治理论课教师在教学设计的各个环节、要素、结构等方面都要考虑学生的思想品德形成发展的过程，构建评价指标体系必须要符合大学生的思想品德发展规律。

（三）思想政治教育过程矛盾和规律理论

对大学生进行思想政治教育，从根本上来说就是为了实现大学生的全面发展，需要教育者采用各种各样的教育形式，让受教育者的思想政治和道德品质不断提高，在这一过程中，受教育者认可、接受马克思主义理论和科学社会主义理论等思想理论，使其内化为自己的思想理念，并最终能够在实际中应用。

在思想政治教育过程中，基本矛盾始终贯穿其中，主要表现为以下几种形式：一是社会要求与教育者转化间的矛盾。教育者转化指的是教育者对思想政治教育内容和方法的转化，教育者要想对学生进行思想政治教育，那么他们自己首先就要对这一学科的内容进行消化吸收，转变为自身的思想、观点甚至情感，然后用适合的教育方法教授给学生。在这一转化的过程中，教育者要充分考虑了社会的需求，以及思想政治教育本身的需求，但是即便如此，这一转化过程还是有明显的教育者个人的主观性和选择性，在教育者思想政治教育知识、素质、能力存在差异的情况下，他们对社会要求的思想政治素质和道德品质的把握就会出现差异，甚至表现出把握不完整或选择出现偏差的情况；二是教育者的教育要求与受教育者现实情况间的矛盾。当教育者在教育中发挥组织、实施、调控等功能的时候，受教育者自身的双重性和差异性，教育者的要求与受教育者的思想政治素质和道德品质现状间必然存在差距；三是受教育者"知与行"方面的矛盾。思想政治教育的目的不只是帮助受教育者掌握思想政治教育的相关知识和价值，更是要引导受教育者将思想政治教育蕴含的理想、信念、价值内化为自身的理想信念，并成为其社会实践的指南。因此，对受教育内容价值性、实践性的把握与受教育者生活实践间的差距构成了思想政治教育过程"知与行"的基本矛盾。基本矛盾在思想政治教育过程矛盾体系中居于核心地位，是在整个过程中始终、持续起作用的"动力"矛盾。基本矛盾中任一因素的消失都意味着思想政治教育过程的停止，只有当基本矛盾得到彻底解决时，思想政治教育过程才能取得阶段性的结束；就教育者而言，基本矛盾是思想政治教育过程亟待解决的重要问题，需要教育者在教育目标、教育内容、教育手段等方面采取符合思想政治教育发展规律的措施；就受教育者而言，他们的思想政治素质和道德品质是在教育实践中逐步得到发展和提升的，而且伴随着思想政治教育的深入推进，教育中旧的矛盾得到解决，新的矛盾不断产生，受教育者的社会实践能力也不断得到完善和提升。

实践是理论的来源，反过来理论又能够指导实践。这就要求在思想政治教育的过程中，将理论和实践相结合，只有在教育过程中将思想政治教育基本规律的科学理论和实践教学活动结合起来，才能够让思想政治教育发挥出强大的力量。这两者的关系是辩证统一的。从外在来看，两者是不同的，从内在来看，两者又是统一的。从两者之间的不同来看，它们的不同主要体现在以下两个方面：首先是在性质上，两者不同。思想政治教育作为一项特殊的、具有阶级性和目的性的社会实践活动，是一个由教育主体、客体、介体和环体等基本要素构成的教育系统，是人类社会的客观实体，从属于实践范畴。基本规律则是反映各要素间稳定的、必然的联系，必须依附于实体而存在，从属于认识范畴。显然，二者从性质上来看有着质的区别；其次是在形式上，两者不同。思想政治教育实践活动是可变化的、多样性的，这是政治教育过程中存在的基本矛盾，需要通过实践活动来解决，这就要求在教育形式、手段上进行不断地调整和创新。而思想政治教育过程基本规律则是隐藏于具体实践活动之后的、客观存在的、稳定的、持续起作用的力量，它是独立于人的主观意识，并且不能被创造和改变的存在。显然，二者在形式上是存在差异的。两者的统一主要表现在两方面：一方面，思想政治教育实践活动能够帮助我们更深层次地认识思想政治教育过程的基本规律，另一方面，在思想政治教育过程中存在的诸多要素，例如教育主体、客体、载体等，他们在开展教育的过程中，产生相互的影响，会形成一定客观存在的东西，这些东西虽然是重复的，但是是有效的，那么人们对最终形成的这些必然存在的东西进行概括和提炼，最终就形成了思想政治教育过程基本规律体系。

思想政治理论课教学在形式上常被看作是一种意识形态的教育，但是人的意识是以客观现实为指导，需要以客观规律为基础。整个思想政治教育活动如果丧失了客观规律的指导势必难以逃脱教育的主观随意性，致使在教学实践中出现失误、偏差，以致影响教育目标的实现。科学理论来源于实践，并且指导实践，将思想政治教育过程的基本规律和思想政治教育的具体实践过程相结合，才能迸发出更加强大的生命力。在这一点上，思想政治教育过程规律与思想政治教育实践活动二者存在辩证统一的关系，二者不但具有外在的差异性，更具备内在的统一性。

（四）教育学的课程与教学评价理论

在教育学中，课程评价和教学评价理论是非常重要的内容。课程评价就是运用一定的方法和手段，通过系统地收集、分析、整理信息和资料，考查课程目标的达成程度或对课程研制过程、课程计划及实施效果做出价值判断的过程。也可以说，课程评价是一个价值判断的过程，其判断的对象是课程编制过程中的每个环节、每个因素。课程评价具有以下四个方面的功能，一是导向规范；二是诊断鉴定；三是激励改进；四是调节功能。在教育科学化运动中，产生了课程评价，在科学不断地发展中课程评价也在不断地发生变化，影响课程评价的主要因素有两个，一是人的价值观判断的变化，二是科学技术水平的发展变化。

由于课程受到多方面的影响，所以在课程评价中，也应该对相应的因素有所体现。这既包括参与教育活动的教育者、受教育者、教育管理和教育辅助人员，又包括对教育的各种活动场所和设施设备、各种教育工具和辅助工具等的评价，还包括对教育制度、教育方针、教育政策、教育目标、教育规划、教育管理运行机制、教育内容、教育措施等方面的评价。在教育的整个过程中，都有课程评价的存在，它能够发挥多种重要的作用，比如促进教育对象获取知识，提升教育者的教学效果，促进教育管理者的工作等。课程评价既可以采用量化评价方法，也可以采用质性评价方法，这两者是不一样的，其不同体现在评价逻辑、评价设计、功能等多个方面，但是两者也不是相互排斥的，在课程评价过程中，应该善于运用这两种评价方法，让他们各自发挥自己的优势，相互配合，最终让课程评价不再单一，呈现出多元化的特点。教学评价是对教学活动和教学结果的价值判断，评价的依据是教学目标，在评价的过程中，需要参考相应的标准，运用一定的手段。教学评价能够对教学效果进行检验，分析并找到教学中存在的问题，将其反馈给相关人员，最终根据反馈的结果对后期的教学进行相应的调整和把控。在最初的阶段，教学评价更加注重选拔淘汰，注重教师的教，注重最终考试成绩，随着教育教学的不断发展，课程评价更加注重激励和反馈，注重学生的学，注重全面、真实、多元的特点，同时，教学和评价不再是孤立的，两者逐步融合，过程与结果的结合也更加紧密。

六、教学评价指标体系的构建框架

（一）教学目标评价

教学目标具有先导性和决定性。高校思政课教学评价指标体系构建的根本目的是实现具体的教学目标。因此，教学目标评价指标的合理选择在思政课教学评价指标体系基本框架构建中居于首要位置。教学评价指标可以细化为三个指标。

（1）价值性目标

价值性目标主要体现大学思政课教育目标的基本价值导向，客观反映课程整体结构、教育目标和教育标准等思政课教学的内在要求。

（2）可操作性目标

思政课教学目标多为定性表述，可操作性目标主要是在进行评价时将此类定性的目标科学地转化为教学成绩等量化性的指标，并通过思政课程教学成绩高低等的比较，较为公平地对思政课教学质量的优劣做出评价。

（3）全面性目标

全面性目标主要是为了适应思政课教学实施过程中学生需求的差异性，兼顾大多数学生的主动学习需求，以及个别学生的被动学习需求，保证教学目标评价的包容度。

(二)教学活动评价

教学活动是教学评价的主要对象和评价体系的核心。应围绕教学大纲、教学大纲进展、教师教学大纲、课堂讲授、教学大纲评价等关键环节选取教学活动评价指标,有针对性地对思政课教学活动及其效果进行综合性评价。

(1)教学大纲指标

教学大纲是教师进行思政课教学的首要依据。是否遵循教学大纲完成相关教学内容是评价思政课教学活动最重要的依据。因此,教学大纲指标必须体现出思政课教学大纲的基本要求。大纲中教学内容的广度和深度是否充分体现学校层次和人才培养目标也是需要重点考量的内容。另外,思政课的时效性和教材的不断更新,教学大纲指标必须根据实际情况不断修订,以适应新的政策要求和思政课教学实践需求。

(2)教学进度指标

教学进度指标是教学活动评价中最常用的指标。一般而言,在教学大纲中对于教学时间、课时分配等都会有明确的规定,完善的教学进度指标应充分体现教学大纲对于思政课教学活动在时间进程、内容安排等方面的要求。指标的设置和选取应主要包括教学内容实施进度是否合理、教学时间安排是否科学、教师在教学过程中是否严格遵守进度计划等。通过指标数据的对比,客观测算目标实现和政策要求之间的偏差,从而准确评价思政课教学活动的落实程度。

(3)教案指标

教师是决定思政课教学质量最重要的因素。对教师的评价一直都是思政课教学评价的重点。但对思政课教师的评价应从过去注重"人"的评价向注重"物"的评价转变,即注重对教学活动组织这一客体的评价。教学活动的组织是多环节的过程,在这其中教案至关重要,在教学活动评价中要注重教案指标的设置。教案指标中首先要有常规的完备性评价指标,如教案中有没有教育目标、教学的具体要求,教学内容是否具有针对性等。此外,虽然教学实践中对教案的基本格式和基本内容体系等有规范性要求,但对具体实现形式却并未做强制性要求。因此,教案评价中应充分体现鼓励教师创新的原则(包括教案设计、内容拓展等),以不断提升思政课教学活动的成效。

(4)课堂教学指标

虽然思政课教学有多种载体和多种实现形式,但不可否认课堂教学仍是思政课教学活动中最主要的形式。课堂教学评价是思政课教学评价的核心。课堂教学指标设置上最主要的考虑因素应是教师展示课堂内容、调动学生学习和整体把控课堂的能力。具体的指标选取应体现以下三方面的内容：一是在课堂教学中授课教师对教学节奏的把握、教学内容的呈现等；二是课堂教学中是否注重发挥学生的关键作用，是否有效组织学生互动和参与课堂活动，是否激发学生的学习积极性和参与度；三是课堂教学中能否有效把控课堂，通过讲课内容吸引学生，通过纪律约束学生，保持良好的课堂秩序。

（三）教学能力评价

教学能力在思政课教学质量提升中起着基础性的作用。教学能力是综合性的概念，应侧重从思政课教师教学态度、教学方法和教学组织等方面进行综合性评价。

（1）教学态度指标

主观意识具有很强的能动性，在一定程度上教学态度决定教学能力。虽然教学态度是一个主观性很强的概念，但能表征教学态度的客观指标很多，大致可以分为两大类：一类是直接性指标，比如课前是否认真备课、课上是否坚持课堂标准等；另一类是间接性指标，如授课教师的受欢迎程度、学生对教师的认可度等。教学态度评价中要综合选择这两大类指标，特别是要注重间接性指标的应用。在教学态度中有一项指标至关重要，那就是思政课教师自己是否真正信奉马克思主义，在教学活动中是否旗帜鲜明地坚持马克思主义立场。这一指标在思政课评价中具有决定性意义，如果达不到要求，教学评价即为不合格。

（2）教学方法指标

教学方法是影响思政课教学效果的重要因素。教学方法评价的核心是在不同场景和需求下，思政课教师对具体教学方法应用的合理度。评价指标应侧重两个方面。一是教学方法是否灵活。主要评价的是在传统的讲授法基础上，针对不同的授课内容和授课对象，比如不同学历层次的学生等，思政教师是否能够灵活运用启发式、讨论式、案例研究等不同的教学方法，以更好地适应学生的需要。二是对新教学技术的掌握与运用。教学技术中最基本的是教学语言，要选取有关指标来评价思政课教师的教学语言能否清晰地阐述教学程序，满足教学需求。此外，教学技术的合理应用是提高思政课教学质量所必需的，评价指标选取上要注重对思政课教师熟练掌握和运用多媒体和信息检索技能等现代化教学技术的评价。

（3）教学组织指标

教学组织是教学能力高低最直接的体现。对教学组织的评价应包含宏观的思政课教学组织和微观的教学组织实施两个层面。现阶段的思政课评价指标体系都较为侧重宏观性教学组织评价，而忽视了微观层面的评价。完善的思政课教学组织评价指标应两者兼顾，宏观性教学组织评价指标应主要包括思政课教学管理制度的设立、制度的执行、队伍的建设等；微观性教学组织评价指标应主要包括思政课课堂纪律、具体教学过程的组织实施及学生行为管理等。

（四）教学反馈评价

思政课教学是一个逐渐发生变化的过程，仅仅通过几门课程的考试成绩不能够全面、真实地反映出这一课程的教学效果。那么这时候就可以通过教学反馈来找到思政课教学中存在的问题。教学反馈评价包含两类，分别是教师反馈指标和学生反馈指标。

（1）教师反馈指标

教师在思政课教学中处于主导地位，教师的反馈能在一定程度上反映思政课课堂的总体情况和学生的学习效果。教师反馈指标选取应关注两点：一是学生对思政课的认知态度，主要包括学生是否喜欢思政课、学习态度变化情况及到课率等；二是学生在思政课上的学习行为，主要包括是否认真听课、是否遵守学习纪律、是否积极参与课堂互动等。

（2）学生反馈指标

学生是学校思政课的受教育者，是思政课教学中最重要的主体。学生反馈是评定思政课教学质量的重要指标，在评价指标设置和选取上应包括：教师是否定期、及时地就思政课教学中学生关注的问题提供反馈、反馈的内容能否有效满足学生的需求，以及教师能否结合教学内容有针对性地布置课后作业并认真批改等。

七、教学评价指标体系的多元化完善方法

（一）明确多元化评价目标

在高校思政课多元化评价模式下，同时存在多重考核目标。其中最为关键的两点是对学生学习成效及教师教学水平的考核。通过对学生的考核，可以及时地找出学生在学习过程中的薄弱之处，帮助教师了解学生的学习现状、认真程度及学习障碍，从而使师生双方明确下一步的努力方向与教学侧重点，促进教学质量的提升；通过对教师的考核可以让教师及时发现自身教学工作中存在的问题与不足之处，从而有针对性地优化教学策略，促使教师主动提升教学能力，学习更加

先进科学的教学方法，大力推进教学改革，为最终取得理想的教学成效提供必要的支持与保障。

（二）制定多元化评价内容

总的来说，高校思政课多元化评价体系的构建，除了需要针对思政课程教学内容，以及相关实践教学成果进行考核评价以外，还需要对教师所采用的教学方法、教学理念、教学环境的构建、教学管理成效等多个方面进行综合考核与评价。只有同时兼顾这几个方面，才能促使学生的学习动力、学习质量及教师教学水平的不断提升，显现出多元化评价体系的综合实用价值。首先，在理论知识方面，重点考查大学生对于马克思主义理论知识、中国特色社会主义理论知识、社会主义核心价值体系，以及中华民族传统文化的掌握情况；其次，在实践考核方面，侧重于考查大学生是否具备国家荣誉感、社会责任感、民族认同感及集体荣誉感，考验学生能否能够运用思政课程理论知识解决各种现实问题；最后，在教师教学水平方面，通过相关考查，了解高校思政教师的教学理念是否先进科学，工作态度是否勤勉积极，个人素养是否符合党、国家及人民的要求，是否能够成为一名深受学生爱戴和敬佩的好教师，是否具备较强的自主学习意识，实现执教水平的不断提升。

（三）选择多元化评价方式

在高校思政课多元化评价模式下，首先要实现考核方式的多样化，除了保留试卷考核、理论知识考核等常规方式以外，还要融入一些实践类考核。比如让学生针对某个社会热点事件、真人真事进行案例分析，提出个人主张及见解，以此来检验学生的思政水平、思维能力、语言表达能力等多个方面的水平。教师还可以以学生平时的课堂表现、实践任务完成情况，以及学习态度等方面进行分数上的量化，构建起真正意义上的多元化评价体系。与此同时，教师还可以通过丰富评价主体的方式来构建多元化评价体系，比如组织学生开展自我评价和学生互评，之后按照一定的分数比例对评价结果进行量化，最终将相应的分数纳入期末考核总分数当中，形成一个由多元主体共同打造的评分体系，使评价结果的客观真实性、参考价值及指导意义得到最大限度的体现。

（四）制订多元化评价指标

高校思政课教师多元化评价体系，并不只涉及一个或者两个评价指标，其涉及的评价指标诸多，评价结果是否真实客观，是否能够发挥其指导作用受到评价指标的影响。所以在高校思政课多元化评价体系的构建过程中，必须以相关指导精神为主导，以习近平总书记考察北京师范大学时所提到"四有"好教师为主要标准，突出高校思政课程时代性、创新性与指导性等教学特色，针对各个评价要素进行合理设置，最大限度地细化评价指标，注重自评方法的实用性与有效性。具体涉及以下几项评价指标的制订：首先，对传统课堂授课成果进行评价。一名优秀的高校思政教师，应该在课堂教学的过程中以正确政治方向引导学生，用幽默风趣、深入浅出的语言吸引学生的注意力，启发学生的思维，激发学生的学习兴趣，为思政课教学质效的提升提供必要保障。同时，教师还要灵活运用思政理论来诠释大学生所关注的社会热点问题，通过为学生答疑解惑，实现思政理论知识的渗透与传播，帮助学生树立起正确的世界观、人生观与价值观，使学生具备明辨是非的能力与素养。其次，针对社会实践课堂教学成果进行评价。在高校教学体系当中开设思政课程，其主要目标是全面培养大学生的人文素养，加强大学生的社会属性，使学生能够在今后的职业发展和人生道路上走得更加顺畅，为社会和国家做出更多积极贡献。因此，在思政课多元评价体系当中，要重点考查教师和学生是否具备渊博的学识、学术钻研精神、无私奉献精神及吃苦耐劳的坚强毅力。最后，针对网络课堂教学成效进行考核评价。在互联网时代，不论是工作、学习还是日常生活，都离不开互联网的支撑。在高校思政课程教学与评价的过程中，必然会运用网络技术对思政教学内容进行传播与渗透，将社会主义核心价值观和各种正确的思政观念深深地根植于大学生心中，为其今后的人生道路做好铺垫。

总而言之，在实现中华民族伟大复兴中国梦的过程中，大学生群体无疑是其中的中流砥柱。基于这一重大责任与使命，在高校教育当中，不仅要全面培养大学生的专业素养与文化知识水平，还要通过切实有效的思政课程教学，全面提高大学生的思政水平和道德修养。所以，高校思政课教师要充分认识到多元化评价体系的作用，并真正利用起来，让大学生意识到思政课教学的积极意义和作用，进而让他们愿意去学习这一门课程，并在学习的过程中发挥自己的主观能动性，使大学生能够积极主动地接受思政课教学指导，践行社会主义核心价值观，树立起崇高伟大的人生理想与信念，努力成为国家栋梁之材。

参考文献

[1] 王慧. 新时代幼师学校思政"金课"建设的路径研究 [D]. 洛阳：洛阳师范学院，2021.

[2] 吕菲. 在高校思政课中发挥学生主体性作用研究 [D]. 秦皇岛：燕山大学，2021.

[3] 陈瑞. 天津市高校思想政治理论课"金课"建设的影响因素研究 [D]. 天津：天津理工大学，2020.

[4] 马辉. 高校思想政治理论课教学评价指标体系构建研究 [D]. 哈尔滨：哈尔滨工程大学，2019.

[5] 徐棠棠. 高校思政课教学中大学生主体性研究 [D]. 沈阳：沈阳工业大学，2021.

[6] 胡玉珍. 新时代高校思想政治理论课实践教学研究 [D]. 苏州：苏州大学，2020.

[7] 赵昱敬. 新时代高校思想政治理论课教师队伍建设研究 [D]. 南昌：江西师范大学，2020.

[8] 张珂. 高校全方位思政育人体系研究 [D]. 西安：长安大学，2020.

[9] 朱小曼. 思政"金课"建设探索 [J]. 中国冶金教育，2022（1）：89-92.

[10] 谢晓芸. "金课"视角下高校思想政治混合教学模式的构建 [J]. 创新创业理论研究与实践，2021，4（21）：16-18.

[11] 谢林花，安丹，赵串串，等. 融合思政教育打造环境监测实验课程"金课"的探索与实践 [J]. 高教学刊，2021，7（S1）：58-61；67.

[12] 袁术林，刘洪波. 打造新时代高校思政"金课"探赜 [J]. 学校党建与思想教育，2021（8）：4446.

[13] 白小斌. 价值、原则、途径："互联网+"背景下高校思政"金课"建设研究 [J]. 常熟理工学院学报，2021，35（6）：111-115.

[14] 杨建云. 生活化视域下的高校思政课"金课"建设研究 [J]. 贵州师范学院学报，2020，36（7）：38-43.

[15] 李福林. 论思想政治课在高校素质教育中的重要性 [J]. 环球市场，2021（21）：

218.

[16] 次仁德吉.浅谈高校思想政治课对大学生的重要性[J].家长(下半月),2018(5):3.

[17] 梁晨.高校思想政治课教师队伍建设问题研究[J].科教导刊-电子版(中旬),2021(3):107-108.

[18] 郭雨蓉.高校思政育人体系建设的路径探索[J].中国高等教育,2020(23):30-32.

[19] 刘小芬.高校学生思政工作中"三全育人"体系的构建实践[J].文化创新比较研究,2019,3(25):15-16.

[20] 王俊杰.创新学生思政教学思路促进高校辅导员队伍建设[J].智库时代,2019(16):105;108.

[21] 冯荣."大思政"视阈下高校思政资源整合现状及优化策略探析[J].高教学刊,2020(8):14-16.

[22] 冯铄.浅析红色资源在高校思政课教学中的应用[J].公关世界,2022(2):84-85

[23] 王寿斌."新冠"疫情蕴含的高校思政资源的梳理与运用[J].浙江工贸职业技术学院学报,2020,20(2):77-81.

[24] 蒋昕芸,张琦.校园文化与高校思想政治课实践教学有效整合的现状及对策[J].产业与科技论坛,2020,19(11):147-148.

[25] 韦宏思.高校思想政治课德育现状及策略探究[J].中学政治教学参考,2019(35):86.

[26] 翟彩宁,霍刚,左旭晨,等.思想政治教育对高校辅导员工作的启示研究[J].公关世界,2022(02):108-109.

[27] 孙燕,李晓锋.高校思政"金课"建设:困境、标准与路径[J].重庆高教研究,2019,7(4):75-82.

[28] 白双翎.高校思政课教学评价指标体系构建研究[J].现代教育管理,2021(9):49-55.

[29] 宋振涛.高校思政课多元评价体系架构探讨[J].时代报告,2021(35):140-141.

[30] 任荣.新时代高校思政"金课"建构的逻辑理路与基本模型[J].学校党建与思想教育,2021(1):64-67.